予豈好辯哉

傅佩榮評朱注四書

序

　　「朱注四書」是指南宋朱熹（1130-1200）的《四書章句集注》。「四書」依朱熹的編排順序是「大學、中庸、論語、孟子」這四本儒家經典。「章句」是指為《大學》與《中庸》分章斷句，再加上主要是朱氏個人的注解；「集注」是指為《論語》與《孟子》而集合眾多學者的注解，所引學者以北宋與南宋的為主，又以程頤（1033-1107）最受重視。後世有「程朱學派」之稱亦可由此見之。

　　這部書在元朝皇慶二年（1313）列為科舉考試的教本。自此以後六百多年，中國讀書人從啟蒙開始，只要是想學習儒家的，都必須先誦習本書。於是，朱熹的思想產生無比的影響。先簡單總括為一句話，就是朱注四書的問題在於：表面是朱熹在注解四書，其實是朱熹用四書來注解自己的思想。

　　這個問題必然引發一些後遺症。明朝學者王陽明（1472-1528）年輕時「遍求考亭〔朱熹〕遺書讀之」，受到「格物窮理」的啟發而每日格竹子，一星期就病倒，知道此路不通。他後來轉而追隨陸象山（1139-1193）的心學系統。到了清朝，反對及批判朱注的人更多，但是在學術界幾已形成一種共識，就是：你不可能繞過朱熹而往前走。於是，朱注成為一座大山，讓多少人在山路中迷途不返。

當今之世，研究及發揚朱學的人所在多有，我無意與他們在有關朱熹個人的思想方面有任何爭辯，我在意的只是「朱注四書」這一部分的問題。關於此一問題，明清二代已有許多學者提出異議，指出朱注哪一句不合理，哪一句沒根據，哪一句弄錯了。也有學者全面反對朱注，還使用情緒性的字眼來質疑其用心。這方面的資料只須參考程樹德《論語集釋》即可略窺梗概。在我自己研習四書的過程中，總覺得還是少了一本對朱注作全面而深入評價的專書，所以陸續寫成一些短文，再集結為本書。

首先，沒有人會否認朱注四書在推廣及發揚儒家學說方面的貢獻。如前所述，承認這套書是我們學習儒家時「無法繞過或視而不見的大山」，即無異於肯定了朱氏在我國思想史上的地位。但是，相對於此，儒家也可能因為朱注而改變了原有的面貌與主張。清朝學者顏元（1635-1704）說：「必破一分程朱，始入一分孔孟。」甚至說：「程朱之道不熄，孔子之道不著。」只要持之有故，言之成理，我們也應尊重這樣的觀點。

其次，朱注四書在「四書」的排列順序上即有違常理。就算我們接受朱氏所說，以《大學》為曾參所作，並以《中庸》為子思所作，但是怎麼能將它們置於《論語》之前？並且有關前二書的作者問題，從來就沒有得到共識與定論。

然後，朱注自始至終都認定儒家說的是「人性本善」，這是最核心的問題所在。他為了堅持這種觀點，不惜在注解《論語‧陽貨》孔子所謂「性相近也，習相遠也」時，公然

質疑孔子觀念含混，還引述程頤的話說「何相近之有哉！」我讀到這種注解時，就發心要寫眼前這麼一本書，連帶也對朱注作全面的批評。

我的批評分為四部分，依序是針對《論語》、《孟子》、《大學》、《中庸》的朱注。我的心力用在《論語》上的最多，在為文時自然參考了歷代學者有啟發性的見解，但都經過我的仔細省思與分辨。我的用意是著重指出孔孟的基本觀點是「人性向善」，因此人須真誠而主動地進行道德修養，連帶也須承擔個人對群體的責任，由此響應孔子「老者安之，朋友信之，少者懷之」的志向。

在探討《孟子》部分，我分析了一系列與人性有關的概念，最後也與朱注得出大不相同的結論。在《大學》部分，我對「格物致知」的理解既與朱注有別，也與王陽明的詮釋不同。到了《中庸》部分，我等於是在撰寫一份心得報告，因為前面三書確立了儒家的思想基調，至《中庸》已有總結的意味。最後，希望經由本書的討論，使早已熟悉朱注的讀書人可以繼續慎思明辨，以求領悟四書的義理，並互勉篤行之。

傅佩榮 2013.4.18

目次

第二輯　《孟子》部分

第一輯　《論語》部分

1 時機的重要

翻開《論語》，首先是〈學而〉篇，首章的第一句是：子曰：「學而時習之，不亦說乎！」（1‧1）〔本輯各文引用《論語》，皆以數字編號代表篇章，可參考作者之《論語解讀》，立緒版。〕

朱注先說「學」：「學之為言效也。人性皆善而覺有先後，後覺者必效先覺之所為，乃可以明善而復其初也。」朱熹果然是哲學家，看到一個「學」字，就要翻出他的哲學底牌，肯定「人性皆善」。就孔子的原文來看，此處並未談到人性是善是惡的問題。朱熹若說性善，又說要復其初；我們隨之要問：宗教可以用「原罪」或「無明」來解釋「失其初」的緣故，但儒家不是宗教，沒有這樣的教義或神話。儒家是哲學，必須依據經驗，再作合理的推論與詮釋。因此朱注一開始不但未能助人明白孔子思想，反而製造了新的問題。

接著，朱注說：「既學而又時時習之。」他又引謝氏之語：「時習者，無時而不習。」可見他把「時」看成「時常」。問題就在這裡。

我們採用最笨拙但較可靠的方法，就是「以經解經」。《論語》全書，「時」字出現十一次，除了指曆法（「行夏之時」）（15‧11）、季節（「四時行焉」）（17‧19）、人生階段（「少之時」）（16‧7），其他皆指「適當的時候」，無論作為名詞、

動詞、副詞皆是如此。

　　像子產「使民以時」（在適當時候役使百姓）（1·5），公叔文子「時然後言」（在適當的時候才說話）（14·13），孔子「不時不食」（不是適當的時候不吃）（10·8）等。換言之，「時」字未有當成「時常」來用的。

　　孟子依此也以「時」代表「合乎時宜」，並且肯定孔子是「聖之時者也」（聖人之中最合乎時宜的）。相對於此，另外三種聖人是「聖之清者」、「聖之和者」、「聖之任者」（《孟子·萬章下》）。孔子則是：當清則清，當和則和，當任則任，一切依時宜而定。孔子怎麼描寫自己呢？他曾稱讚古代七位賢者，認為他們各有傑出表現，但結論是：「我則異於是，無可無不可。」（18·8）意思是：他沒有要怎麼做，也沒有不要怎麼做。一切以「義」來決定。「義者，宜也」，所指正是合乎時宜。

　　其次，談到「習」字，朱注說：「習，鳥數飛也，學之不已，如鳥數飛也。」意即像小鳥學飛一般，不斷練習所學之事。如果「時」是時常，而「習」是鳥數飛，或如朱注所引「程子曰，習，重習也」，亦即再三練習，那麼，「時」之意在「習」中，「時」不是多餘的字嗎？於是，大家熟知的《論語》第一句話經過朱熹的注解，就引起不必要的爭議了。

　　事實上，「習」字在《論語》只有三見，除了此處之外，另有曾子說的「傳不習乎？」（1·4）與孔子說的「性相近也，習相遠也。」（17·2）「習相遠」的「習」是指後天的習染，

如環境、教育與個人習慣所造成的結果，與此處所言較無關涉。而「傳不習乎」則與此直接有關，朱注說：「傳謂受之於師，習謂熟之於己。」有關這句話的朱注，下文即將有所討論，但是把「習」說成「熟之於己」，仍偏向記誦及技藝之學，如果扣緊孔子所教的「文、行、忠、信」（7‧25）來看，它更可能是指「實踐」而言。觀乎孔子所說的「行有餘力，則以學文」（1‧6），以及他所論「好學」之處，皆不離「實踐」而言，可知以「習」為實踐更合孔子之意。

總之，孔子在《論語》一開頭所說的是：「學了做人處事的道理，並在適當的時候實踐，不也覺得高興嗎？」

2　自我反省

曾參小孔子四十六歲，並且在同學中是資質較為魯鈍的，「參也魯」（11．18）。但是《論語》中，除了以「子」尊稱孔子為夫子（老師）以外，另有二人也一直稱「子」的，就是「有子」（有若）與曾子（曾參）。因此，學者認為實際參與編輯《論語》一書的，應該是有若與曾參的學生。在學生筆下，不論自己的老師輩分如何，都一律稱「子」以示尊敬。

因此，翻開〈學而〉篇，第一章是孔子的話，緊接著第二章就是有子的話，然後第四章就是曾子的話。稍後，在這第一篇裡，曾子又出現一次，有子又出現兩次。他們二人在學生中比較傑出嗎？翻到〈先進〉所列的「四科十哲」，並未見二人之名。

曾子說：「吾日三省吾身：為人謀而不忠乎？與朋友交而不信乎？傳不習乎？」這句話並不複雜，但是朱注有兩點值得商榷。一是他說：「曾子以此三者日省其身。」他認為「三」是指以下三件事。問題在於：曾子不是以孝順知名嗎？他難道每日自省的沒有包括是否孝順嗎？

事實上，「三」為多數之意，曾子說：「我每天多次反省自己。」這樣理解才無語病，才不會讓人誤以為曾子每日「只反省」這三件事。

其次，「為人謀而不忠乎？」「與朋友交而不信乎？」這兩點都十分清楚。主詞是曾子自己：「我」在為人謀，「我」在與朋友交。但是，「傳不習乎？」什麼意思？朱注說：「傳，謂受之於師。習，謂熟之於己。」依他所說，曾子此語的主詞轉變為「老師」傳授給我的。於是，簡單的三句話，連主詞都無法統一，實在不太合理。

曾子所說的應是：「我傳授給學生的，自己有沒有先實踐呢？」這三句話都是以「我」為主詞，分別涉及三種對象：「為人謀」是針對長官或老闆，「與朋友交」是針對朋友，「傳」是針對學生。

如前所述，曾子比孔子小四十六歲，因此孔子在世時，曾子是年輕而用功的學生。我們找不到曾子在孔子在世時就去從政做官的資料。反之，孔子過世後，曾子既從政做官（可以為人謀），又開班授徒（可以傳），至於交朋友則更是不在話下。因此，這整句話應該是曾子當老師時所說的，而由他的學生所記錄下來的。類似的情況在〈泰伯〉篇還有好幾段。《論語》中，曾子與孔子直接交談的紀錄只有一處，就是他宣稱「夫子之道，忠恕而已矣！」（4‧15）但是他這裡所說的是否正確，我們另文再作仔細分析。

那麼，我們如何學習曾子的自我反省呢？反省自己是否「不忠」、「不信」，這自然沒有問題，因為每個人都有老闆也都有朋友。但是反省自己是否「不習」，又該怎麼做呢？人人都曾是學生，但未必都是老師。因此，我們要把「傳」字擴大來講。

　　凡是長輩、長官或老闆，在教導晚輩、屬下或員工時，都需自省「我教導他們的，我自己是否先實踐了呢？」至於父母教導子女時所說的一切，更是如此。因此，曾子之語依然有其普遍適用性。

3 好德與好色

《論語》中兩度出現同一句話,就是子曰:「吾未見好德如好色者也。」(9‧8;15‧13)這是孔子對社會現象所作的描述。一般人容易受美色所誘惑,而少見能夠愛好美德的。前者出於生物本能,後者需要教育與自覺。所謂「自覺」,是說人若深入反省,將會發現美色禁不起時間考驗,而美德才是人心所真正嚮往的。

與此相關的,是子夏所說:「賢賢易色,事父母能竭其力,事君能致其身,與朋友交言而有信。雖曰未學,吾必謂之學矣。」(1‧7)

子夏所說的四點中,以「賢賢易色」最為費解,另外三點(事父母,事君,與朋友交)皆為五倫之屬。朱注說:「賢人之賢,而易其好色之心,好善有誠也。」這種注解似乎是順著前面孔子「吾未見好德如好色者也」而來的。朱熹的意思是:要推崇別人的賢德,而改變自己的好色之心,以此來表示自己好善是有誠意的。

問題在於:在此語之後所說的三點都是明確的人倫關係,為何這句話竟是那麼廣泛而無焦點呢?並且「賢人之賢」與「易其好色之心」兩者之間並無必然關聯。譬如,《莊子‧則陽》記載:衛靈公一方面尊敬史鰌等正直官員,另一方面照樣好色享樂。

朱注又說：「四者皆人倫之大者。」事實上，後面三者涉及「父子、君臣、朋友」確為五倫之三倫。但是所謂「人倫」，何嘗有「賢賢易色」之說？若談「人倫」，則所指應為「夫婦」一倫。能夠列在五倫之首的，在此也只剩下「夫婦」了。《中庸》第十二章說：「君子之道，造端乎夫婦。」《易·序卦傳》說：「有夫婦，然後有父子，有父子然後有君臣。」

因此，「賢賢易色」所指應為「夫婦」一倫。意思是：對待妻子，應該重視德行而輕視容貌。近人康有為的《論語注》有許多地方別出心裁，未必合理，但在此處說得中肯：「此為明人倫而發。人道始於夫婦，夫婦胖合之久，所貴在德。以賢為賢，言擇配之始，當以好德易其好色。蓋色衰則愛弛，而夫婦道苦；惟好德乃可以久合。」

儒家（尤其是《論語》）關於夫婦相處之道向來談得不多，本章算是少數重要資料，值得留意。但是經過朱熹的注解，反而弄得意思模糊不清。

我們閱讀《論語》時，讀到孔子的學生所說的話，心理要有所準備。因為學生所說的只代表他們各自的心得，而不能代表孔子的想法。我自從讀了〈憲問〉篇孔子的一句話之後，就有所警惕。子曰：「莫我知也夫！」（14·35）意即，孔子說：「沒有人了解我啊！」

因此，子夏的話由他自己負責。譬如，他曾說過：「仕而優則學，學而優則仕。」（19·13）很多人誤以為這是孔子的想法，甚至只取其後一句「學而優則仕」來為自己做官

找藉口。但是，自古以來做官的人想過「仕而優則學」這句話嗎？又有誰能夠做到呢？

最後，必須承認關於子夏「賢賢易色」一語，並無「以經解經」的確證，我們只是依儒家立場作較為合理的詮釋而已。

4　交友之道

談到交友，我們立即想到孔子所說的「益者三友」與「損者三友」（16‧4）。對我們有益的是「友直，友諒，友多聞」；對我們有害的是「友便辟，友善柔，友便佞」（裝腔作勢，刻意討好，巧言善辯）。如此黑白二分，大家未必做得到，但沒有人可以反對這番話。

問題是：當我們如此要求別人時，是否首先要反省自己屬於別人眼中的益友還是損友？

另外，在〈學而〉篇談到一句交友的話，就引起一些爭議了。子曰：「主忠信，無友不如己者。」（1‧8）一般的質疑在於「無友不如己者」，究竟在說什麼？朱注說：「友所以輔仁，不如己則無益而有損。」

這種解釋的困難很清楚：比我差的人，我拒絕與他為友；那麼比我好的人，為什麼要與我為友呢？並且，人與人交往，怎能一開始就分得明白誰比我差呢？所謂的「差」又是指哪一方面？

事實上，孔子的兩位弟子對此曾作了討論。在〈子張〉篇，有這麼一段資料，大意是說：

子夏的學生向子張請教交友之道。子張說：「子夏說了些什麼？」這位學生回答：「子夏說：『值得交往的，才與他交往；不值得交往的，就拒絕他。』」

子張說：「我所聽到的與此不同。君子尊敬才德卓越的

人，也接納一般大眾；稱讚行善的人，也同情未能行善的人。我若是才德卓越，對什麼人不能接納？我若是才德不卓越，別人將會拒絕我，我又憑什麼去拒絕別人？」（19‧3）

那麼，要如何理解「無友不如己者」呢？問題其實並不難，因為原文先說了三個字「主忠信」，亦即：以忠信為做人處事的原則。只要是「主忠信」的人，我都可以同他交往，而「無友不如己者」的「如」，是「相似」之意。意即：不要與「志趣」不相似的人交往。

做人交友要以「忠信」為原則，然後「無友不如己者」是就「道不同，不相為謀」（15‧40）來說的。兩人若是志趣不相同，缺乏交集與共識，若是勉強交往也難以持久。這個道理不是很清楚嗎？有人喜歡運動，有人喜歡集郵，有人喜歡旅遊，有人喜歡看電影、聽音樂，也有人什麼都喜歡，那麼我們在交友時，只看兩點：一是以忠信為原則，二是與自己志趣相近。

然後，子張說得很好：「君子尊賢而容眾，嘉善而矜不能。」這不正是我們交友時應有的態度嗎？

「主忠信，無友不如己者」一語，在〈子罕〉篇又重新出現一次（9‧25），可見這整句話是不能分開念的。既然如此，我們何必擔心會因而交到損友？交友之道不可忽略一點：當我要求朋友時，必須首先要求自己。自己做不到卻去要求別人，那就完全背離了儒家的立場。

5　貧而樂道

貧窮與富裕，是人生的處境，有些命定成分，而不完全是一個人可以掌握的。誰喜歡貧困的生活？孔子說得很清楚：「貧與賤，是人之所惡也。」誰又會排斥富貴？「富與貴，是人之所欲也。」（4‧5）

子貢是孔子門下言語科的高材生。善於使用語言的人，頭腦一定比較靈活，所以孔子也曾說過：子貢做生意發了財（11‧19）。從貧窮到富裕，子貢有何體會呢？

〈學而〉篇中，子貢請教說：「貧而無諂，富而無驕，何如？」（1‧15）一個人能做到「貧窮而不諂媚，富有而不驕傲」，不知老師以為如何？

孔子說：「可也，未若貧而樂道，富而好禮者也。」

在朱注的版本中，所說的是「貧而樂」三個字。底下的注解是：「樂則心廣體胖而忘其貧。」

「心廣體胖」一詞出於《大學》第四章。「胖」音「盤」，為「安舒」之意。原文是「富潤屋，德潤身，心廣體胖，故君子必誠其意。」一個人快樂時，心身愉悅而可以忘記貧窮。由此可見，朱熹的「貧而樂」是要設法「忘其貧」。但問題在於：如何才可忘其貧？

以顏淵為例，孔子稱讚他：「人不堪其憂，回也不改其樂。」（6‧11）顏淵的方法是忘其貧嗎？或者，他的方法是：因為「有道可樂」，所以忘其貧。

　　《史記·仲尼弟子列傳》所引述的正是:「不如貧而樂道。」必須加上「道」字,所說才較完整。子貢的體驗是「消極方面」,用兩個「無」字來自我要求:貧而無諂,富而無驕。孔子的回答是鼓勵他轉向積極方面:貧而樂道,富而好禮。所以接著子貢會引用《詩經》所謂的「如切如磋,如琢如磨」,來表示自己了解孔子的教學苦心,並因而得到孔子的讚賞。

　　此外就文句工整與語意充足來說,「貧而樂道」也勝過「貧而樂」。因為前者在任何地方對任何人來說,都像鼓勵人「富而好禮」一樣,具有完整的想法。但是,「貧而樂」三個字則有些不合常情,若是不談「道」,則貧而樂是一件無法理喻的事。

　　《莊子·讓王》談到孔子「窮於陳、蔡之間」,其結論則是:「古之得道者,窮亦樂,通亦樂,所樂非窮通也,道德〔得〕於此,則窮通為寒暑風雨之序矣。」莊子屬於道家,他對儒家的看法,有旁觀者清之妙。當然,莊子所說的「道」與孔子的「道」並非一物。

　　既然如此,我們面對古代「集解本」(魏何晏所編)的「貧而樂道」,與南宋朱熹「集注本」的「貧而樂」這兩種不同的版本時,要如何選擇不是很清楚了嗎?這不是「增字解經」,而是原本即有個「道」字。

　　孔子教學生「志於道」,他所謂的「道」是指人類共同的正路,就是要真誠面對自己及修養自己,同時認清人我之間的適當關係(如五倫),再努力盡其在我予以實現。貧窮

時可以檢驗自己的行道之心是否堅定，此時以道為樂，自可
超越及化解貧困的壓力。等到進入富裕階段，就以同樣真誠
的態度「富而好禮」。禮講究一定規格，富人才有能力一一
顧及。

6　情感真摯

　　一般人聽到「思無邪」一語，往往望文生義，說那是指「思想純正無邪」。

　　這句話得以流傳，是因為〈為政〉篇孔子的說法。子曰：「詩三百，一言以蔽之，曰：思無邪。」（2．2）

　　先說《詩經》此語的原意。「思無邪」三字出於〈魯頌·駉〉，描寫魯君（僖公）牧馬之盛。其中四段詩，共出現「思無疆」、「思無期」、「思無斁」、「思無邪」四語，形容其馬之多之美。「思」為語詞，與「思想」無關。

　　專就「思無邪」來說，接著最後一句是「思馬斯徂」，描寫馬之善行。在馬向前奔行時，不能稍有偏斜，否則容易摔倒。因此，「思無邪」所形容的是「馬向前直行而沒有偏斜」。「邪」與「斜」通。

　　《詩經》為古代文學作品，內容有國風、小雅、大雅、頌。來源是民間歌謠、朝會歌樂、廟堂頌詞等，大體皆有感而發，出於真情。人的內心有所感動，於是發抒胸臆，由內而外「直接詠成」，正如牧馬之奔行，直接向前。所以孔子用「思無邪」三字概括《詩經》的文學性，可謂恰當。

　　朱熹的注解說：「凡詩之言善者，可以感發人之善心；惡者，可以懲創人之逸志，其用歸於使人得其情性之正而已。」這種觀點早在古代「集解本」已經說過：「思無邪，歸於正也。」朱注特別強調「善惡」與「保持情性之正」，

這表示他所理解的「思無邪」的「邪」字，是指「不正」而言，所以「無邪」就是「得其正」了。

為什麼不宜說「正」呢？因為一說「正」與「邪」，就須分辨其判斷的標準是什麼？這與《詩經》所強調的「發抒真情」是兩回事。孔子在《論語》中另外說過「興於詩」（8·8）與「詩，可以興，可以觀，可以群，可以怨」（17·9）。「興」是指由真情可以引發讀者的真情；然後像「興、觀、群、怨」四字，皆與發抒情感有關，而與「正邪」無關。

關於《詩經》的由來，〈詩·大序〉說：「情動於中而形於言；言之不足，故嗟嘆之；嗟嘆之不足，故永歌之；永歌之不足，不知手之舞之，足之蹈之也。」這是古代的觀點，顯然較符「思無邪」原旨。

再看朱熹的〈詩經集傳序〉，他說：「人生而靜，天之性也；感於物而動，性之欲也。既有所欲，則不能無思；既有思矣，則不能無言；既有言矣，則言之所不能盡，而發於咨嗟咏嘆之餘者，必有自然之音響節族而不能已矣！此詩之所以作也。」

朱熹強調由有思而有言，可見他確實是一位哲學家，總是放不開「思」之一字。而他在這兒開頭所談的「人生而靜，天之性也；感於物而動，性之欲也。」出自《禮記·樂記》，他的人性論也由此借題發揮。《詩經》本身主要是文學作品，其中也許隱含了某種人性論，但實無系統可言。並且，再說一次，重點也不在於「思」。

王闓運《論語訓》說：「詩本詠馬，馬豈有所謂邪正

哉？」這話無可辯駁。因此，我們在翻譯孔子此語時，不宜強調「正」，更不可談及「思想」。孔子的意思是：「《詩經》三百篇，用一句話來概括，可以稱之為『無不出於真摯情感』。」

7 立志學習

在《論語·為政》有一段最短的自傳，是孔子自述生平修行的階段。原文一開頭就說：「吾十有五而志於學。」（2·4）

按照字面上去理解，意思並不複雜，就是：孔子十五歲時立志求學。朱注說：「古者十五而入大學。心之所之為志。此所謂學，即大學之道也。志乎此，則念念在此而為之不厭矣。」

首先，孔子不曾念過「大學」。大學在古代是培育貴族子弟的教育機構。漢朝伏生《尚書大傳》有云：「古之王者必立大學、小學，使王子、公卿、大夫、元士之適子，十有五年，始入小學，見小節焉，見小義焉。年二十，始入大學，見大節焉，踐大義焉。故入小學，知父母之道，長幼之序；入大學，知君臣之義、上下之位。」

「適子」為「嫡子」，在貴族社會有世襲的資格，亦即屬於未來的統治階層。孔子三歲喪父，又非嫡子，何來念大學的機會？

關於入大學的年齡，有「二十歲、十八歲、十五歲」三種說法，但皆與孔子此處所說無關。朱注提及「大學之道」，所指或為後來列為「四書」之一的《大學》所說的「大學之道」，如此一來更是顛倒錯亂，不必再駁。

事實上，孔子的「志於學」並不複雜。古代鄉村教育

（如孟子所謂的「庠序之教」），是針對鄉村孩童而設的。每年秋收之後，由當地賢達之士教導成童「文化常識與基本武藝」。譬如魯國人要知道自己的祖先是周公的後代，以及周朝的社會規範等等；同時，男童要學習射箭、駕車等基本技能，以備來日兵役之用。這種教育到十五歲為止。

十五歲之後，成童就要學習父親的專業，以備將來子承父業，使社會秩序維持穩定。孔子因父親早逝，由母親撫養長大，既無家業可承，又無上大學機會。但他深知若不學習則能力受限，唯有努力學習才是人生正途。《史記·孔子世家》說他：問禮於老子，習樂於師襄。《論語·子張》中，子貢說他：「夫子焉不學？而亦何常師之有？」（19·22）亦即：我的老師在何處不曾學習過，他又何必要有固定的老師呢？

孔子的生平志業，由學開始。如果用概括的方式問：他所學的是什麼？則答案為：做人處事的道理。學習這種道理，有三個重點：一，具體學會「五經六藝」。五經是「詩書禮樂易」，所談不是做人道理嗎？六藝是「禮樂射御書數」，所談不是處事能力嗎？這些是古人經驗的累積與智慧的結晶，若不學習，如何承先啟後、溫故知新？

二，學與思配合。孔子說：「學而不思則罔，思而不學則殆。」（2·15）若不想白費力氣（罔）或陷入困境（殆），就必須學思配合，以啟發心得，增強能力。

三，學與行配合。學習而無實踐，只是記誦而徒託空言，對真實人生毫無益處。孔子稱讚顏淵好學，理由是他

「不遷怒，不貳過」（6‧3），這不正是德行卓越的表現嗎？

　　因此，在注解孔子「十有五而志於學」時，不必聯想到「十五而入大學」與「大學之道」。念不念大學，實與孔子終身「學不厭」（7‧2）沒有什麼關係。

8　解除迷惑

　　孔子自述生平進境，從三十歲（三十而立）以後，每十年為一個新階段，簡單幾個字就值得我們用心思索。以「四十而不惑」為例。許多朋友在別人詢問年紀時，會坦然回答「我現在是不惑之年。」但是套用古語是一回事，是否真能做到則是另一回事。試問：有多少人在四十歲時可以做到「沒有迷惑」？

　　朱注說：「*於事物之所當然皆無所疑，則知之明而無所事守矣。*」所謂「事物之所當然」，是指萬事萬物都有一定的道理。由於不斷求知（十有五而志於學），又能在社會上經由歷練而立足（三十而立），到了四十歲終於可以明白一切的道理而沒有迷惑了。這樣的注解稍嫌空洞。

　　如果想了解孔子所謂的「不惑」，最好看看他如何回答弟子有關「辨惑」的材料。

　　在〈顏淵〉篇，有兩位學生請教「辨惑」。一是子張，孔子說：「愛之欲其生，惡之欲其死，既欲其生，又欲其死，是惑也。」（12‧10）意即：喜愛一個人，希望他活久一點；厭惡他時，又希望他早些死去；既要他生，又要他死，這樣就是迷惑。由此可見，人的困惑主要來自情緒與欲望所造成的干擾。

　　在同一篇中，樊遲也請教如何「辨惑」。孔子說：「一朝之忿，忘其身以及親，非惑與？」（12‧21）意即：因為

一時的憤怒就忘記自己的處境與父母的安危，不是迷惑嗎？
憤怒使人陷入困惑，這也是屬於情緒衝動與強烈欲望。

　　因此，要做到「不惑」，就需修養自己，增強理性思維
的功能，而減少情緒與欲望的作用。在《論語》中兩度談到
「智者不惑」，可見孔子強調學習與思考，重視理性客觀的
心態。

　　顏淵敘述自己跟隨孔子學習的心得，最後一句話是：
「既竭吾才，如有所立卓爾。雖欲從之，末由也已。」（9·
11）意即：我盡了全力以後，好像學會了立身處世的本領。
但是，當我想要再進一步追隨老師，卻又找不到路可以走
了。

　　顏淵所說的「如有所立」的「立」，可以理解為孔子的
「三十而立」。接著他說「末由也已」，表示尚未抵達「不
惑」階段。顏淵只活了四十歲，發出這種感嘆，暗示自己未
至孔子「四十而不惑」的境界，這不是很可信的想法嗎？另
外，孔子在周遊列國時，曾感嘆「不如歸去」，他談到學生
們「斐然成章，不知所以裁之？」（5·21）意即：學生們
可以立足於社會，但尚未達到「不惑」，所以還不知道裁度
事理的原則。

　　孔子談到交友考慮時，說：「可與共學，未可與適道；
可與適道，未可與立；可與立，未可與權。」（9·30）意即：
可以一起學習的人，未必可以一起走上人生正途；可以一起
走上人生正途的人，未必可以一起立身處世；可以一起立身
處世的人，未必可以一起權衡是非。

　　這裡先說「立」再說「權」。「權」不正是「不惑」的
具體表現嗎？由此可見，孔子的「不惑」實有豐富內涵值得
我們省思。

9 「天命」是什麼？

孔子自述「五十而知天命」。關於「天命」一詞，向來難以說清楚。朱熹的注很簡單：「天命即天道之流行而賦於物者，乃事物所以當然之故也。知此則知極其精，而不惑又不足言矣。」

朱注在解釋：「四十而不惑」時，說「於事物之所當然，皆無所疑」；現在到了「五十而知天命」，所知的是「事物所以當然之故」。亦即：四十所知的是事物一定的道理，而五十所知的是事物為何有其一定的道理，那就是「天道之流行而賦於物者」。

把「天命」說成「天道之流行」，有如萬物隨著四時的遞嬗而變化。這種說法顯然有意迴避了「天命」之「命」的含意。命為命令，其主體可以發號施令，其內容應十分具體。事實上，「天命」在《書經》與《詩經》是常見之詞，意指：天子受天所命；得天命者為天子。這種天命是人間政權的合法性基礎。天命無常，會隨人之德行而調整，所以有夏、商、周三代之更迭。

從孔子說「五十而知天命」這句話開始，「天命」才從天子獨有的特權轉換為「每個人都擁有的使命」。換言之，天命從此展現了它的普遍性。所以，孔子才會在別處說：「君子有三畏，畏天命，畏大人，畏聖人之言。」（16‧8）隨後又說：「小人不知天命而不畏也。」君子是每個人都「可

能」成就的人格典型，因此這裡所說的天命是人人皆可得知者。孔子又說：「不知命，無以為君子也。」（20·3）這個「命」字也當指天命而言。

試問，這樣的天命與朱注所說「天道之流行而賦於物者」有何關聯？一說「天道」，便顯示了「規則」義，有如天體運行；一說「天命」，則有具體的要求，所以君子要畏天命。我們接著會談到的「六十而〔耳〕順」，其實是指「順天命」而言。詳情稍後再說。

那麼，天命又是什麼？孔子到了五十歲時，自覺有一種使命，這種使命既不是來自群眾的肯定，也不是來自自我的期許，而是難以解釋的，只能說它來自於天。什麼意思呢？試問：知識分子的使命感由何而來？他擁有治國的知識與能力，在眼見天下無道、蒼生受苦時，內心不忍不安，覺得責無旁貸，所以啟發了特殊的使命感。孔子五十一歲出來從政，在魯國表現卓越政績，到五十五歲發現事無可為，乃決定周遊列國，以作為「天之木鐸」（3·24）的身分去實現他的天命。順著這種詮釋，我將在下文說明何以他會說「六十而順」，亦即順天命。

每個人都有天命，這又是什麼意思？由形式上說，人皆有人性，人性向善；所以人的責任在於擇善固執，其最高目標是止於至善。「善」的定義是：我與別人之間適當關係之實現。所以，止於至善即是孔子所述的志向：「老者安之，朋友信之，少者懷之。」（5·25）

再就內涵上來說。錢穆先生曾在軍中演講，他告訴士兵

要盡全力站好崗，成為「小兵的聖人，聖人的小兵」。意即：我現在在社會上的角色是什麼，我就全力以赴，做到盡善盡美。如此即表示我知天命、畏天命，並努力實踐之。

10　順從天命

　　孔子在六十歲時，所抵達的境界是「六十而耳順」。我們暫且接受「耳順」一詞，看看朱熹如何注解。他說：「聲入心通，無所違逆，知之之至，不思而得也。」

　　意即：聽到任何話語，內心立即了解，沒有什麼違逆之感。這是理解的最高程度，不用思考就領悟道理。這裡說的前半句有「無所違逆」一詞，如果真是如此，不是很像「鄉愿」嗎？鄉愿是指沒有原則與立場的好好先生，也是孔子所謂的「德之賊也」（17‧13）。因此這種注解並不恰當。再看後半句的「不思而得」，這四個字又見於《中庸》第二十章，其文如下：「誠者，不勉而中，不思而得，從容中道，聖人也。」因此，說孔子自述「不思而得」，無異於說孔子在暗示自己是個聖人。

　　美國一位學者安樂哲（Roger Ames）將《論語》譯為英文，特別注明：耳順是指「耳」為「聖」字的一部分（從耳，呈聲），所以孔子在暗示自己是個聖人。是嗎？孔子公開說過：「若聖與仁，則吾豈敢？」（7‧34）那麼，他會明示或暗示自己在六十歲時是個聖人嗎？應該不會。

　　孔子自述生平進境，其內容不可脫離他的實際作為來理解。那麼「耳順」在說什麼？先看「耳」字，《論語》共出現四次「耳」字。兩次是語助詞，如「女得人焉耳乎？」（6‧14）「前言戲之耳！」（17‧4）一次是指耳朵，如「洋洋

乎盈耳哉！」（8‧15）另外就是這裡的「耳順」了。可見有關「耳」的修養並無特別的重要性。孔子說「君子有九思」時，說的是「視思明，聽思聰……」，耳朵的聽並無特別之處。再看「順」字，它一般用於下對上的態度，如臣要順君，子女要順父母，弟要順兄等。並且，如果「耳順」真是孔子的修養成就之一，為何先秦儒家典籍，如《孟子》、《易傳》、《大學》、《中庸》、《荀子》等，從未談及耳順？我們在這些典籍中所見到的「順」字，除了描寫下對上的態度之外，主要是用來描寫「順天」或「順天命」。

先假定孔子說的是「六十而順」，「耳」字為衍文；再配合孔子的生平來看，就將豁然開朗。孔子周遊列國是從他五十五歲到六十八歲，這段時間他在做什麼？與他初次見面的儀封人說：「天將以夫子為木鐸。」（3‧24）他是天之木鐸，所作所為自然是順天命。他兩次遇到生命危險時，毫不猶豫地聲稱：「天之未喪斯文也，匡人其如予何！」（9‧5）「天生德於予，桓魋其如予何！」（7‧23）他認為自己在順從天命，所以別人不能輕易阻撓或傷害他。

孔子自謂「五十而知天命」，他也強調：君子知天命之後，就須「畏天命」（16‧8）。天命應有具體的命令內容，孔子在知之與畏之之後，接著自然是奉行實踐，亦即順之了。

唐朝韓愈的《論語筆解》說：「耳當為爾，猶言如此也。既知天命，又如此順天也。」韓愈解經不被一般學者欣賞，但偶有洞見亦值得肯定。唐《敦煌石經》的〈論語殘卷〉有

「六十如順」一語，亦無「耳」字。並且近代學者以「耳」
為衍文者亦有多人。我們知道，對於古代經典無論增一字或
減一字，皆須謹慎。但基於合理思維及事實根據而無可辯駁
者，亦不必盲從附和。孔子所說者應為「六十而順」。

11 從心所欲

孔子享壽七十三歲。他自述生平進境時，應在七十之後，所以最後一句說的是：「七十而從心所欲不踰矩。」朱注說：「隨其心之所欲，而自不過於法度，安而行之，不勉而中也。」

「不勉而中」一詞出於《中庸》第二十章，我們在討論孔子「六十而順」時曾引述過，因為朱熹說孔子在六十歲時「不思而得」，現在到了七十歲可以「不勉而中」。這種理解十分怪異，因為《中庸》原文說的是：「誠者，不勉而中，不思而得，從容中道，聖人也。」朱熹把同一句話中同時用來描寫「聖人」的兩個詞分開來，變成孔子「六十」及「七十」相隔十年的兩種境界。意思好像是在說：孔子六十歲已達聖人之境，到了七十歲依然留在聖人之境。若不如此解釋，就須證明：聖人是先「不思而得」再「不勉而中」的。這又如何可能證明？

朱熹的重要著作是《四書章句集注》，他對《中庸》自然十分熟悉。但是他把一句話的兩個詞分開來應用在相隔十年的孔子身上，而不覺得有何不妥。何以如此？因為他相信孔子「生來即是聖人」，這一點將來還會談到。如果孔子真是如此，那麼他從「十有五而志於學」一路上來所說的一切，又有什麼教育意義呢？我們面對一位「生來即是聖人」的孔子，又要如何學習呢？因此，事實更可能是：朱熹的注解錯

了。

　　那麼我們如何理解「從心所欲不踰矩」一語呢？首先，人的「心」有問題。孔子說過：「回也，其心三月不違仁；其餘則日月至焉而已矣！」（6·7）意即：顏淵的心可以在相當長的時間內不背離人生正途；其餘的學生只能在短時間內做到這一步。由此可知，人的心若是讓它自由運作，往往會誤入歧途。孟子曾引述孔子的話說：「出入無時，莫知其鄉〔向〕者，其心之謂與！」（《孟子·告子上》）心的動向難以預測，來來去去無法把握，因此顏淵修養不錯，他的「心」可以三月不違仁，其餘的同學就等而下之了。

　　因此，孔子自述「從心所欲不踰矩」，並不是一件簡單的事。「從心所欲」出於人的自然本能，其結果往往違背規矩（亦即社會上的各種規範）。「不踰矩」則是無論如何都會合乎規矩的要求。以另一種方式來說，這是「自然與應該的完美搭配」。凡是自然去做的（從心所欲），都是他應該做的（不踰矩）；凡是應該做的，他都做得很自然。這不是人生最高的修養境界嗎？

　　許多學者以為，儒家對「心」常有比較正面而明確的想法，總認為心是善的。但事實上未必如此。心是主體的思考及抉擇能力，它本身就像孔子所說的「出入無時，莫知其向」。正因為心無定向，所以需要人的修養，如孟子所謂「養心莫善於寡欲」（《孟子·盡心下》）。

　　即使把心當成良知，可以說良知是善的嗎？答案依然是不宜。良知本身不是善的，但良知是對善的要求。因此，說

一個人有良知，並不等於說他是善人，而只是說：他有對善的要求。他如果真誠面對這種要求，並且明白如何行善的具體方法，他才有可能進一步真正去行善。

　　了解上述道理，才能體會孔子一生從「志於學」到七十歲的心得，是多麼不容易的成就啊！

12　尊敬父母

《論語》中直接說到孝順的大約有十章，意思大多淺顯易懂，但是經過朱熹注解之後，反而出現了問題。譬如，〈為政〉篇「子游問孝」章，子曰：「今之孝者，是謂能養。至於犬馬，皆能有養；不敬，何以別乎？」（2．7）

朱注說：「犬馬待人而食，亦若養然。言人畜犬馬皆能有以養之，若能養其親而敬不至，則與養犬馬者何異。其言不敬之罪，所以深警之也。」

這個注解是以「人養犬馬」為喻，指出「人養父母而不敬」，則無異於養犬馬。以「犬馬」比擬「父母」，這本身即是不敬之至。朱注實在不知所云。

事實上，「集解」本已指出：包曰：「犬以守禦，馬以代勞，皆養人者。」意思清楚。在家畜中，犬馬能夠服侍（此亦為養）人，所以說其「皆能有養」，亦即皆能有其養人之道，但犬馬不懂得「敬」人。這是以犬馬比擬子女，顯然合乎原意。不然就須把「皆能有養」理解為「皆能被養」，實不合說話之理。試問：犬馬若離開人群，就不能獨立生存於大自然之中嗎？是犬馬要靠人養，還是人要靠犬馬來服侍？直至今日，我們還說「效犬馬之勞」以示感恩，這無疑肯定了犬馬對人的服侍（奉養）之作用。

有關犬馬的解說，歷代注家還有許多有趣的觀點。譬如，「禽獸亦能相養，但無禮耳。人養親而不敬，可以自別

於禽獸乎？」（李光地《論語箚記》）又如，「雖父母之犬馬，今亦能養之也。」（包慎言《溫故錄》）再如，「言犬馬之子皆有以養其親，但養以敬為本，不敬，何以別於犬馬之子養其親乎？」（程有菊《四書辨》）

　　由此可見，古人讀書常喜別出心裁以示創見，但於最平常的道理反而弄擰了，實在可惜。

　　孔子的意思很簡單：從前所謂的孝順，是在奉養父母時還須尊敬父母；但是現在（春秋時代末期）所謂的孝順，是只知奉養父母而少了尊敬之心。接著他使用比喻來說明這種「只養不敬」之不當。在比喻子女只養不敬時，所取之譬當然是針對子女，所以要說「至於犬馬皆能有養」，意即：即使像犬馬也能對人有所服侍，但犬馬無知，不懂得尊敬人。因此，子女若是對父母「養而不敬」，則這種子女無異於犬馬了。

　　試比較一下，「犬馬養人而不知敬」與「人養犬馬而不知敬」，哪一句較為可說出口？當然是前一句。「人養犬馬而不知敬」一語根本是匪夷所思，到了語無倫次的程度了。孔子的原意是希望子女懂得尊敬父母，但依朱注之說，則把父母比為犬馬，不但失去教育意義，反而陷於不敬的極端了。

　　我們對朱注求全責備，實因其六百年以來成為科舉考試的教科書，是所有念書人首先接觸的注解。其影響深入而廣泛，甚至掩蓋了原文的意思。許多學者先入為主，認為朱注的說法即代表孔子原意，而其實未必如此。

　　今天的學生若想真心學習《論語》，首要之務就是以平常心看待朱注，肯定朱注為許多注解之一。他的說法若有值得商榷之處，就須以合理的思維去驗證。

13　臉色和悅

　　在孝順父母時，除了奉養還需尊敬；尊敬還不夠，進一步要保持和悅的臉色。孔子回答子夏問孝時，說：「色難。有事，弟子服其勞；有酒食，先生饌，曾是以為孝乎？」（2·8）這兒所說的就是：在孝順父母時，子女保持和悅的臉色是一件困難的事。

　　朱熹注說：「色難，謂事親之際，惟色為難也。食，飯也。先生，父兄也。饌，飲食之也。曾，猶嘗也。蓋孝子之有深愛者必有和氣，有和氣者必有愉色，有愉色者必有婉容。故事親之際，惟色為難耳。服勞奉養，未足為孝也。舊說承順父母之色為難。亦通。」

　　由此可見，「色難」的「色」可以指子女的臉色，也可以指父母的臉色。朱熹原本主張前者，最後又說後者「亦通」。事實上，後者是說不通的；並且，前者可以包含後者，亦即不管父母臉色如何，子女都要「柔順」並且保持自己的臉色和悅。事理至明。

　　朱注有兩個問題。一是說「先生，父兄也」。談孝順，只及於父母，豈可連「兄」亦含括在內？並且，依劉沅《四書恆解》所云：「稱父母為先生，人子於父母前稱弟子，自古無此理。此章言敬而不愛，亦不得為孝也。服勞奉養，凡弟子事尊長皆然。事父母則深愛，和氣自心，即有他事，一見父母便欣然藹然，凡憂悶之事都忘卻了，此為色難。」

　　《孟子・萬章上》說舜之大孝，表現於他「惟順於父母可以解憂」。子女解憂，則臉色自然和悅，劉沅之說可以成立。不過，此處討論的重點在於：孔子口中的「弟子」與「先生」，是否可用以指稱「子女」與「父母」？答案是不可。孔子所說的是：弟子事奉先生固然要盡心盡力，但子女事奉父母還須更進一步，始終保持和悅臉色。

　　另一個問題是，朱注所謂「蓋孝子之有深愛者，……必有婉容。」這一句話是有出處的，但他沒有注明。《禮記・祭義》談到「孝子之祭」時，指出：「孝子之有深愛者……必有婉容。」朱注一字不改引述此語，最好說明出處。

　　另有一段與孝順有關的篇章值得一併參考。〈里仁〉篇有：子曰：「事父母幾諫，見志不從，又敬不違，勞而不怨。」（4·18）朱注對此章的注完全引述並注明是出於《禮記・內則》，注曰：「幾，微也。微諫，所謂『父母有過，下氣怡色，柔聲以諫』也。見志不從，又敬不違，所謂『諫若不入，起敬起孝，悅則復諫』也。勞而不怨，所謂『與其得罪於鄉黨州閭，寧熟諫。父母怒不悅而撻之流血，不敢疾怨，起敬起孝』也。」此注三句「所謂」皆引自《禮記・內則》，由此可見朱熹並非不知要注明出處。然而，此處朱注所描寫的孔子，好像只是在重述〈內則〉之語，卻忽略了「幾」字是指「預先看出」父母可能有錯，而非已見父母犯錯之後再「委婉」勸阻。並且，「勞而不怨」實未到〈內則〉所云「撻之流血」的程度。引述古文而不做評論，未盡注者之責。

　　孝順是儒家教育的重點，因此寧可詳說其理，而不宜等

閒視之。

14 面對異端

我們常以自己的觀點為標準，判斷不同的見解為「異端」。面對異端時應該採取何種態度？孔子對此的立場是什麼？

子曰：「攻乎異端，斯害也已。」（2‧16）這簡單的八個字卻引起極其瑣碎的爭論。先看朱熹的注解。

朱注說：「范氏曰：攻，專治也。故治木玉金石之工曰攻。異端非聖人之道，而別為一端，如楊、墨是也。其率天下至於無父無君，專治而欲精之，為害甚矣。程子曰：佛氏之言，比之楊、墨，尤為近理，所以其害為尤甚。學者當如淫聲美色以遠之，不爾，則駸駸然入於其中矣。」

朱熹引用范氏與程子之言，表示他個人贊同此等觀點。首先，以「攻」為專治或深入研究，並非《論語》用法。《論語》中，孔子所謂的「攻」，如「攻其惡，無攻人之惡」（12‧21），「鳴鼓而攻之」（11‧17），皆作「批判」解。因此，這兒的「攻乎異端」是指「批判」而非「研究」異端。

其次，「異端」原意只是指「與自己不同的另一端」。譬如，孔子說他在回答鄙夫問題時，所採用的方法是「我扣其兩端而竭焉」（9‧8）。現在，朱注把異端看成「非聖人之道」，亦即「儒家以外的學說」。所以他接著以「楊、墨」為例，然後引述孟子對楊、墨的批判：「無父無君。」朱注的意思是：如果深入研究像楊、墨這樣的異端，則「為害甚

矣」。程頤進而指出「佛氏之言」是更可怕的異端。

　　事實上，在孔子的時代，楊朱、墨翟的學說尚未出現，佛教也尚未傳入中國。由此可見朱注是在借題發揮，想以孔子為靠山，並以「自己的」儒家學說為標準，進行黨同伐異的工作。在孔子的時代，與他不同立場而較為知名的思想家有老子與管子。孔子曾經問禮於老子（《史記·孔子世家》），不僅執禮甚恭，回家鄉之後還向弟子們介紹老子「其猶龍邪！」（《史記·老子韓非列傳》）像龍一樣，乘風雲而上天。他對管仲，在〈憲問〉篇為其辯護並大力肯定，稱之為「如其仁，如其仁！」（14·16）

　　孔子何曾批判異端？他的立場是「道不同，不相為謀。」（15·40）《中庸》第三十二章說：「萬物並育而不相害，道不行而不相悖。」這裡的「道」字也可以擴張理解為人間各種不同學派。因此，何必加以批判？

　　既然如此，「攻乎異端，斯害也已」又是什麼意思？現在的問題轉到後面四字。「斯害也已」的「已」字，可以當語助詞用，也可以實指「止息、消滅」之意。作語助詞的例子是「可謂仁之方也已」（6·30）；作「止息」意的例子是「已矣乎，吾未見能見其過而內自訟者也。」（5·26）但通常使用「已矣乎」三字的較多，如「吾已矣乎」（9·9）。兩者皆有其例，那麼，就要考慮義理了。

　　先說「斯害也已」是指：其害可以消滅。而事實上，在你批判異端時，在異端眼中你自己也是個異端，他不會也批判你嗎？那麼，試問：有誰被消滅了呢？

再者,「斯害也已」是說:這就是個害處,它會帶來互相批判的後遺症。意即:孔子認為,你若是批判不同立場的說法,將會帶來不少後患。儒家的主張是「修己安人」(14‧42),若有爭執則先反求諸己。若觀點相異,則不必勉強相謀,更不必逕行批判。孟子說:「言人之不善者,當如後患何!」(《孟子‧離婁下》)亦合此意。

15　三綱五常

　　孔子有些言論由字面上看來很簡單，但是觸及古代材料
的部分就不易說明白了。以禮儀來說，當子張請教：「十世
可知也？」子曰：「殷因於夏禮，所損益可知也；周因於殷禮，
所損益可知也。其或繼周者，雖百世可知也。」（2‧23）

　　「十世」的「世」是「易姓受命」之意，譬如，「夏商周」
三代，又稱三世。子張想知道自此以後十世的情況。孔子的
回答是：不論多少世，禮儀是大同小異的，每一世都有些增
減損益。古今社會當然有別，但人性是一樣的，都需要禮儀
的規範，並且這些禮儀總有些基本原則是一直延續下去的。

　　朱熹在注解時想要呈現這一點，於是引述東漢馬融之
說，再作補充說明。朱注說：「馬氏曰：『所因，謂三綱五
常。所損益，謂文質三統。』愚按三綱，謂君為臣綱，父為
子綱，夫為妻綱。五常，謂仁義禮智信。文質，謂夏尚忠，
商尚質，周尚文。三統，謂夏正建寅為人統，商正建丑為地
統，周正建子為天統。三綱五常，禮之大體，三代相繼，皆
因之而不能變。……」

　　孔子原文的意思是：各個朝代的禮儀，有因襲前朝的部
分，也有自行損益的部分。但是朱注把「三綱五常」說成因
襲的部分（禮之大體），則有商榷餘地，因為「三綱」之說
始見於東漢班固《白虎通》。先秦談人倫總是以「五倫」為
主。或者如顧炎武《日知錄》所云：「《記》曰聖人南面而

治天下，必自人道始矣。立權度量，考文章，改正朔，易服色，殊徽號，異器械，別衣服，此其所得與民變革者也。其不可得變革者則有矣，親親也，尊尊也，長長也，男女有別，此其不可得與民變革者也。」其說亦合先秦史料。

再看「五常」，《尚書·泰誓》首先談到「五常」，所指為父義、母慈、兄友、弟恭、子孝。到《漢書·董仲舒傳》，才有「夫仁誼〔義〕禮知〔智〕信，五常之道，王者所當修飾也。」一語。董仲舒為西漢時人。以五常而言，孔子不曾並談五者。孟子並列其中四者為「仁義禮智」，而對「信」則說過：「大人者，言不必信，行不必果，惟義所在。」（《孟子·離婁下》）可見，「信」與「義」不能等量齊觀。因此，五常是漢人配合五行之說所湊和成數的產品，豈可說是「禮之大體」？

「三綱五常」自漢代以來，成了一頂大帽子，被統治者用來約束人民，最後演變為「禮教吃人」，實不可不辨。真正的孔孟思想在談到五倫時，只有「一綱」，亦即孟子所謂「天之生物也，使之一本。」（《孟子·滕文公上》）亦即：子女應以父母為綱；因此只有孝道是「不可逆」的要求。其他如「君臣」、「夫婦」、「兄弟」與「朋友」，皆為「可逆」，不成其為綱。同時，人類整體也有「一本」，亦即人類生命的來源是「天」。

至於有關「文質三統」之說，亦為漢人見解。若以「夏尚忠，商尚質，周尚文」而言，試問「忠、質、文」三者可以只要其一而排除另外兩者嗎？孔子不是說過「文質彬彬，

然後君子」（6·18）嗎？他不是說過「十室之邑，必有忠信如丘者焉，不如丘之好學也」（5·27）嗎？在詮釋孔子思想時，雜入太多漢代或更後代的觀點，實無益於理解孔子。

16 禮的意義

《論語·八佾》有一段子夏請教一句詩所引發的討論。這段討論的重要性在於：孔子最後說：「起予者商也！始可與言詩已矣。」（3‧8）意即：能夠啟發我的就是子夏啊！現在可以同他談論詩了。

能讓孔子公開說「起予者」，在眾多弟子中只此一見。孔子連對顏淵也沒有這麼說過。由此可見子夏此處的表現十分突出。那麼子夏說了什麼呢？他只是在孔子回答他的問題之後，跟著問了三個字：「禮後乎？」意即：禮是後來才加在人身上的嗎？這種回應表面看來平淡無奇，為何孔子會有這麼強烈的反應，說子夏啟發了他？

原文如後：

子夏問曰：「『巧笑倩兮，美目盼兮，素以為絢兮』，何謂也？」子曰：「繪事後素。」曰：「禮後乎？」子曰：「起予者商也！始可與言詩已矣。」

首先，針對子夏所問，朱熹的注說：「言人有此倩盼之美質，而又加以華彩之飾，如有素地而加采色也。子夏疑其反謂以素為飾，故問之。」子夏所問的是：倩盼之女子，穿上白色衣服就很漂亮（素以為絢，即是以素為絢）。女子麗質天生，不需另上彩色裝扮，而只需白衣即顯其美。朱注「如有素地而加采色」，完全弄顛倒了。他的顛倒延伸到注解孔子的回答中。

　　接著，朱注說：「繪事，繪畫之事也。後素，後於素也，〈考工紀〉曰『繪畫之事後素功』，謂先以粉地為質，而後施五采，猶人有美質然後可加文飾。」我們暫且接受此說，但請仔細想想：像這種把「禮」當成「文飾」的觀點，難道孔子不知道嗎？子夏接著所說的「禮後乎？」如果是指這種觀點，孔子豈有感嘆「起予者」之理？

　　問題出在：朱注把「後素」理解為「後於素」。這一字之差，顛倒了先後次序，也完全誤會了孔子之意。在孔子的時代，繪畫並無白紙可用，而是畫在絹帛之上，絹帛本身有咖啡色，如今日所見之漢墓帛書。因此，繪畫時，先上各種色彩，最後再以白色分布其間，使眾色鮮明突出而成其畫。這種情況不正是像引詩所云：「巧笑倩兮，美目盼兮，素以為絢兮」嗎？麗質天生的女子，穿上白色衣服就很漂亮了。孔子告訴子夏：「繪畫時，最後上白色。」

　　子夏聽了孔子的解釋以後，心生靈感，立即請教：「禮後乎？」意即，那麼，禮是後來才加在人身上的嗎？這句問話所指的是：禮就像白色一樣，人性原有各種美質，現在經由學禮而顯得更美，因為禮這種白色（素）把人性的美好（絢）凸顯出來了。

　　孔子原本沒有注意「禮為白色」這種觀點，現在突然聽到子夏一說才明白確有道理。人若不真誠，外在禮儀只是無聊的裝飾，這是「人而不仁，如禮何！」（3‧3）的意思。現在，人若真誠展現美質，則禮有如白衣，使其美質充分彰顯。這不正是孔子原本即有的主張嗎？

　　《易經‧賁卦》所講的正是文飾，而其上九爻辭有「白賁，無咎」一語。「白賁」為白色的裝飾，以白色為裝飾，所要彰顯的正是人的真正美質。「真誠」是儒家第一要義。「繪事後素」實不可理解為「繪事後於素」，一字之別，不可不辨。

17　祭祀鬼神

　　孔子相信鬼神嗎？答案是肯定的。他說過：「非其鬼神而祭之，諂也。見義不為，無勇也。」（2‧24）「非其鬼」是指非其所當祭之鬼，若是當祭之鬼，則無所謂諂媚之譏了。《禮記‧祭法》談到值得祭拜之鬼包括：「法施於民則祀之，以死勤事則祀之，以勞定國則祀之，能禦大災則祀之，能捍大患則祀之。」換言之，凡是為國家及百姓立過大功的先人皆可受祭。至於一般人祭其祖先，更是毫無疑問。

　　孔子本人也重視祭祀。他最慎重對待的三件事是「齊〔齋〕、戰、疾。」（7‧13）齋戒位居第一，而齋戒的目的正是祭祀。〈八佾〉有一段資料，原文是：

　　「祭如在，祭神如神在。子曰：『吾不與祭如不祭。』」（3‧12）

　　前面兩句大概是描寫孔子祭祀時的態度。他祭祖先時，有如祖先真的臨在；他祭百神時，有如百神真的就在面前。朱注說：「程子曰：祭，祭先祖也。祭神，祭百神也。祭先主於孝，祭神主於敬。愚謂此門人記孔子祭祀之誠意。」這話說得沒錯。

　　古文無標點符號，而常以「之乎者也」斷句。在沒有這些語助詞的情況下，就有可能誤解原意了。本章後半段是：子曰：「吾不與祭如不祭。」這句話有兩種斷句方式，意思相去甚遠。

　　先說朱熹的斷句：「吾不與祭，如不祭。」朱注說：
「言己當祭之時，或有故不得與而使他人攝之，則不得致其
如在之誠，故雖已祭，而此心缺然如未嘗祭也。」依古禮規
定，確有使人代理行祭之事。《禮記‧祭統》說：「是故君
子之祭也，必身親涖之，有故則使人可也。」既然有請人攝
祭的規定，又何必強調自己「如不祭」呢？就像你今天有事
不能上班，依規定請人代班，又何必說「好像我沒有上班
一樣」？

　　朱注認為重點在於：孔子要顯示自己祭祀的誠意，所以
不認為別人攝祭為「可以代表」自己親自祭祀的心意。這種
解釋可以說得通。但是，有鑑於本章前面一段的「祭如在，
祭神如神在」所描寫的是虔誠的態度，所以孔子接著所說的
話應該與之相應，亦即說明自己「為何」會有這樣的態度。
若依朱注斷句，「吾不與祭，如不祭」是說：「我沒有參加
祭祀，就好像我沒有親自祭祀」；這種話實在有些不知所云。
有誰是「沒有參加祭祀卻好像親自參加祭祀」一樣的？

　　孔子所說的是：「吾不與，祭如不祭。」「祭如不祭」
一語是說：祭祀時有如不在祭祀一樣，亦即：心不在焉而態
度散漫。以「祭如不祭」一語去對照上半段所說的「祭如在，
祭神如神在」，可謂完全相應，是描寫相反的兩種態度，所
以孔子才會說「吾不與」。

　　再說「與」字。「與」在此為肯定、讚許之意。如「吾
與點也」（11‧26），「與其進也，不與其退也」（7‧
29）。因此，「吾不與，祭如不祭」一語的意思是說：我不

贊成那種祭祀時有如不在祭祀的態度。祭祀以虔誠為主，其表現原本應該是「祭如在，祭神如神在」。孔子接著所說的話，正是解釋他自己一貫的立場。標點符號造成一字之差，但其誤解又怎能自圓其說呢？

18 向天祈禱

孔子如果有信仰，他相信什麼？以宗教信仰來說，孔子的祈禱對象是「天」。《論語·八佾》記載：王孫賈問曰：「與其媚於奧，寧媚於灶，何謂也？」子曰：「不然，獲罪於天，無所禱也。」（3·13）

王孫賈是衛國大夫，當時衛國政權陷於靈公夫人南子與彌子瑕二派之爭。南子身居宮廷，有如尊貴的奧神；彌子瑕手握實權，有如司飲食的灶神。民間俗話有「與其媚於奧，寧媚於灶」，意即：討好宮廷派不如靠攏實力派。王孫賈以此語試探孔子在衛國的動向。

但是孔子答以：「不然，獲罪於天，無所禱也。」意即：不必諂媚任何神明，一個人如果得罪「天」，就無處可以禱告了。我們先討論祈禱的對象。孔子對神明的態度是依禮而祭，祭必虔誠，但同時表現了「敬鬼神而遠之」（6·22）。他如果禱告，亦即心中有所祈願時，也不以鬼神為對象。《論語·述而》也談到「禱」，大意是：孔子疾病時，子路請禱，引述禱文所謂「禱爾於上下神祇」（7·35）。「上下神祇」是指天神地祇，也可以含括人鬼在內。不過此處所謂「天神地祇」與「天」是兩回事。「天神地祇」所指為自然界的神明；單舉「天」字，則是「五十而知天命」之「天」，為一有意志的主宰，而為古人共同信仰的至上神。

當子路向孔子請示要一起向神祇祈禱之後，孔子回答

他：「丘之禱久矣！」那是因為孔子知道：要祈禱只有向天祈禱，而不必麻煩鬼神；並且孔子知天命之後，隨之畏天命，並努力順天命，他後來還對子貢說：「知我者其天乎！」（14‧35）可見他認為自己並未停止對天的祈禱。

朱熹在「丘之禱久矣」底下注解說：「則聖人未嘗有過，無善可遷，其素行固已合於神明。」朱熹沒注意到在此章之前，孔子公開說過：「德之不修，學之不講，聞義不能徙，不善不能改，是吾憂也。」（7‧3）孔子之偉大即在於不斷進德修業，而非自認為聖人——未嘗有過，無善可遷。

再回到〈八佾〉所引的一段資料。朱注對「獲罪於天，無所禱也」的注解是：「天即理也，其尊無對，非奧灶之可比也。逆理即獲罪於天矣，豈媚於奧灶所能禱而免乎？」「天即理也」一語顯然是宋儒觀點。清儒錢大昕在《十駕齋養新錄》的批評十分中肯，他說：「宋儒謂性即理是也，謂天即理恐未然。獲罪於天無所禱，謂禱於天也，豈禱於理乎？《詩》云敬天之怒、畏天之威，理豈有怒與威乎？又云敬天之渝〔變〕，理不可言渝也。謂理出於天則可，謂天即理則不可。」

朱熹對「天」的理解並不一致。他在此處說「天即理」，但在注解儀封人那一章（3‧24），他又說：「天必將使夫子得位設教。」這時不說「天即理」了。然後，〈鄉黨〉有一句資料說：「迅雷風烈，必變。」（10‧25）此時朱注卻說：「必變者，所以敬天之怒。」事實上，孔子此處只是表現對自然災難之警戒與預防措施，原文六個字也未談及「天」，

而朱熹卻主動說出「敬天之怒」一語。那麼，這個天是理嗎？
若全依朱注，將無從了解孔子對「天」的信仰。

19 一貫之道

有關孔子的「一貫之道」是什麼？值得費心討論。

子貢是言語科的高材生，聰明過人，但同時也喜歡評論人物。〈憲問〉記載：子貢方人。子曰：「賜也賢乎哉？夫我則不暇。」意即：子貢評論別人的優劣。孔子說：「賜已經很傑出了嗎？要是我，就沒有這麼空閒。」

子貢後來甚至評論了孔子。〈衛靈公〉記載：子曰：「賜也，女以予為多學而識之者與？」對曰：「然，非與？」曰：「非也，予一以貫之。」（15‧3）子貢認為孔子是「廣泛學習並且記住各種知識的人」，而孔子鄭重否定他的說法，進而強調自己是「用一個中心思想來貫穿所有的知識」。

子貢小孔子三十一歲，並且是長期親炙孔子的學生，連他都誤會了孔子。那麼，曾參呢？他小孔子四十六歲，並且資質較差，「參也魯」（11‧18）。年齡差距加上資質魯鈍，曾參可能了解孔子的一貫之道嗎？孔子享壽七十三歲，假設他是在七十歲時與曾參對話，後者也只是二十三歲的年輕學生。〈里仁〉有這麼一段資料！

子曰：「參乎！吾道一以貫之。」曾子曰：「唯。」子出，門人問曰：「何謂也？」曾子曰：「夫子之道，忠恕而已矣。」（4‧15）

這段對話的背景應該是在孔子對子貢說過「予一以貫之」之後的事。孔子想找機會說明自己的道，於是主動對曾

參說「吾道一以貫之」，他原本期待這位年輕的老實學生，
會接著請教「何謂也？」結果卻出乎意料之外，得到「唯」
（是的）這種回答。孔子的反應相當直接，立刻離開教室
（「子出」）。沒想到孔子走後，別的弟子（「門人」是指
孔子門人，有些學者，如程頤，暗示那是曾子門人。曾子此
時二十幾歲在孔子門下學習，又豈能另有自己門人？）詢問
曾參，他就回答：「夫子之道，忠恕而已矣。」

　　朱熹注解說：「盡己之謂忠，推己之謂恕。」孔子強調
「一」以貫之，曾參把它講成「忠恕」兩個字。朱熹接著發
揮自己的理解，他說：「夫子之一理渾然而泛應曲當，譬則
天地之至誠無息，而萬物各得其所也。……蓋至誠無息者，
道之體也，萬殊之所以一本也；萬物各得其所者，道之用也，
一本之所以萬殊也。以此觀之，一以貫之之實可見矣。」於
是，孔子的「道」變成「理」，然後「天地、萬物」都貫穿
起來了。但是，「忠恕」會有這樣的神奇效應嗎？恐怕曾子
沒有想過，連孔子也不免驚訝吧！

　　朱注進而引用程頤觀點如下：「忠者，天道；恕者，人
道。」「『維天之命，於穆不已』，忠也；『乾道變化，各
正性命』，恕也。」又曰：「聖人教人各因其才，吾道一以
貫之，惟曾子為能達此，孔子所以告之也。曾子告門人曰：
『夫子之道，忠恕而已矣』，亦猶夫子之告曾子也。」這段
資料涉及天道、人道、《詩經》、《易傳》，還把曾參當成
唯一能夠理解孔子之道的學生。這不是太誇張了嗎？

　　「忠恕」是曾參個人的體悟，但並不等於孔子的思想。

如果曾參所言為是，孔子為何感嘆「莫我知也夫！」（14‧35）朱注摻入太多宋朝學者的觀點，對我們今日了解孔子思想反而是個阻礙，不可不認真辨明。

20　天道之意

　　《論語‧公冶長》有一句子貢的話，意思頗為費解。他說：「夫子之文章可得而聞也；夫子之言性與天道，不可得而聞也。」（5‧12）我們較易了解的是「文章」一詞，因為在〈泰伯〉篇孔子推崇堯的偉大，說他「煥乎其有文章」（8‧19）。朱注以「文章」為「禮樂法度」。

　　堯為天子，制作禮樂法度以安定天下百姓，這當然是可觀的成就。不過，子貢口中的孔子的「文章」又是什麼？朱注說：「文章，德之見於外者，威儀文辭皆是也。」這種解釋與對堯的「文章」的解釋，還算可以相洽。後來有些學者，如劉寶楠在《論語正義》中，就以「詩書禮樂」這四本經典為孔子的文章。這些大體還算是合理的說法。

　　但是，所謂「夫子之言性與天道」是指什麼？劉寶楠順著前面對「文章」的解釋，就認為「易、春秋」是孔子談「性與天道」的內容了。這些內容子貢沒有機會聽到。劉氏的觀點可備一說，但未能說明子貢對這兩部經典「不可得而聞」的理由。

　　朱熹關於「性與天道」的解釋，就顯示他做為宋朝理學家的特色了。朱注說：「性者，人所受之天理；天道者，天理自然之本體，其實一理也。」他接著說明子貢何以發出感嘆。朱注說：「蓋聖門教不躐等，子貢至是始得聞之而嘆其美也。」於是，子貢所謂的「不可得而聞」，不但不是說他

沒有機會聽到，反而是說他聽到了所以感嘆其美妙無比。

問題是：子貢聽到了什麼？是聽到了朱注所說的那句話嗎？朱注的「性者……；天道者……」一語由字面看來，像是簡單的定義，子貢會因而「嘆其美」嗎？這就需研究一下朱注的說法了。

朱注的重點在於「天理」一詞。「天理」最早見於《莊子‧養生主》，在「庖丁解牛」的寓言中，庖丁神乎其技的表現在於他能夠「依乎天理」與「因其固然」，意思是：能夠按照牛的「自然的條理」以及順著牛的「本來的樣子」去下刀，所以可以游刃有餘。在此，「天理」是指自然的條理，並且是道家強調的重點。

其次，儒家使用「天理」一詞，通常會追溯到《禮記‧樂記》：「好惡無節於內，知誘於外，不能反躬，天理滅矣。……人化物也者，滅天理而窮人欲者也。」意即：人若受外物誘惑，隨外物而化，就會消除「天賦的理性」而放縱「人的欲望」。

但是，不論「天理」所指的是自然的條理或天賦的理性，它可以用來指稱子貢所謂的「天道」嗎？這個問題在《論語》中無法找到答案，因為孔子未曾說過「天道」一詞，他說得較多的是「天命」。如他認為自己「五十而知天命」（2‧4），以及君子應該「畏天命」（16‧8）。關於天命，我們已經談過，它顯然不是某種「天理」。

至於「天道」，在春秋時代所談的主要是「吉凶禍福」，如「天道福善禍淫」（《書經‧湯誥》），「天道虧盈而益

謙」（《易經·謙卦》彖傳），以及「天道遠，人道邇」（《左傳》昭公十八年）等。由字面看來，「天道」是指自然界的規律，這種規律對人的善惡會產生某種報應，但是關於這種報應是怎麼回事，則往往在事後才有驗證。也許這是孔子不曾詳說的主要理由。

無論如何，以「天道」為「天理自然之本體」，是宋朝學者的見解，與孔子或子貢都扯不上關係。

21　人與本心

在《論語‧學而》第一篇第二章，首度出現「仁」字時，朱熹就表明他的觀點：「仁者，愛之理，心之德也。」說「仁」為「愛之理」，就像說「仁者愛人」一樣，有「同語反覆」的嫌疑，不然也可以歸之於分析命題，正如「人是理性的動物」一語，當然是正確的說法，但並未告訴我們「仁」究竟是什麼，以及人為何要行仁。

接著，說「仁」為「心之德」，含意就比較豐富了，因為「仁」與「心」是兩個概念。問題是：人皆有心，而「心之德」所指的是什麼？是心所固有的某種性質，還是心經過修練之後所獲得的某種性質？朱熹的立場偏向前者，所以他在談到「不仁者」時，直接說這種人「失其本心」（4‧2），而談到「人而不仁」時，則說是「仁心亡矣」（3‧3）。因此，由朱注看來，「仁」是心之德，也即是人的本心，但是這種本心可能失去。至於為何「本心」可能失去？失去之後是否還能恢復？要如何才可恢復？這些問題都是朱熹未曾回答的。事實上，孔子不曾使用「本心」一詞，孟子使用過一次。這須待將來探討孟子思想時再作說明。

有關仁與心的關係，在〈雍也〉篇有一段資料。子曰：「回也，其心三月不違仁，其餘則日月至焉而已矣。」（6‧7）朱注說：「三月言其久。仁者，心之德。心不違仁者，無私欲而有其德也。日月至焉，或日一至焉，或月一至焉，能造

其域而不能久也。」

孔子的意思很清楚：只有顏回的心可以長時間不背離仁，別的同學就瞠乎其後了。由此可知：心與仁是兩回事；心可以依仁也可以違仁，要由個人的修養功夫來決定。因此，把仁說成「心之德」，應該不是指「仁是心所固有的某種性質」，而應該是指：心需要選擇及堅持，才可能達到仁的要求。正是因為如此，孔子才會說出「志於仁」、「我欲仁」等語。由此看來，朱注的觀點難以成立。

孔子未用「本心」一詞，他所理解的「心」是指意識能力，此能力包含認識與選擇在內，因此總是會由外界接收訊息，並由自己來作選擇。這樣的心處於動態之中，所以對於「仁」會有志不志、欲不欲、依不依、違不違等考量。在《孟子‧告子上》中，引述孔子所說：「出入無時，莫知其鄉〔向〕，其心之謂與！」這句引文符合我們在《論語》所見孔子的觀點。我們在分析孔子「七十而從心所欲不踰矩」（2‧4）一文中，已經進一步探討過這個問題，於此不再贅述。

值得稍加省思的是：究竟「三月不違仁」一語有什麼具體的內容？朱注接著引述程頤的說法如下：「三月天道小變之節，言其久也。過此則聖人矣。不違仁只是無纖毫私欲，少有私欲便是不仁。」問題是：孔子如何觀察及判斷顏回有無私欲？他又如何判斷別的弟子是「日月至焉而已」？

我們暫且接受以「不違仁」為「無纖毫私欲」，再設法補充作個說明。在孔子看來，仁是由真誠而來的自我要求的力量，這種要求表現於兩方面，就是在與別人來往時，既能

「不計較個人利害」，也能「善盡自己的責任」。由上述兩方面進行觀察，就不難判斷誰可以做到不違仁。我們在另文探討顏回的志向時，會說明他志於「無私」（5‧25），由於無私而不違仁，可謂順理成章。

22 無關天命

在《論語》中，「命」字除了上對下所施的命令之外，主要有兩種用法：一為使命，二為命運。談使命，通常會加一「天」字，成為「天命」，如孔子「五十而知天命」（2・4），以及君子「畏天命」（16・8），意即那是天所賦與的使命。有時也單用一個「命」字，如「不知命，無以為君子也」（20・3）。

其次，談命運，總是單用一個「命」字，如「公伯寮其如命何」（14・36），「死生有命」（12・5），以及「亡之，命矣夫」（6・10）等。這種命運實與使命無關。就以這最後一句為例，朱熹的注怎麼說呢？

〈雍也〉篇記載：伯牛有疾，子問之，自牖執其手，曰：「亡之，命矣夫，斯人也而有斯疾也！」

朱注說：「有疾，先儒以為癩也。牖，南牖也；禮，病者居北牖下，君視之，則遷於南牖下，使君得以南面視之。時伯牛家以此禮尊孔子，孔子不敢當，故不入其室而自牖執其手，蓋與之永訣也。命，謂天命。言此人不應有此疾，而今乃有之，是乃天之所命也。」

這段注文讓人讀來詫異。首先，原文只說「伯牛有疾」，未指明何疾。即使依漢儒所言為「癩」，此「癩」亦有癩（惡瘡）與熱病兩種說法。癩為傳染病，孔子怎能執其手？熱病則不可開門招風，因此孔子必須由窗戶執其手。事實上，執

其手可能是為了把脈，所以隨後孔子說「亡之」，表示我們
要失去他了。其次，朱注在此提及的問疾之「禮」並無根據，
他還認為伯牛家以「君禮」待孔子，這更是想像之詞。孔子
以詩禮教徒，他在學生違禮照顧他時（「子疾病，子路使門
人為臣」）（9‧12），曾加以訓斥，又怎能容許伯牛家如
此僭禮？然後，朱注說孔子自窗戶執伯牛之手，是為了與他
「永訣」。試問：古人有「握手」告別之禮嗎？

　　最後，也是最大的問題是：朱注把孔子所說的「命矣
夫」，解釋為天命。他還認為這種天命與人意相反：「言此
人不應有此疾，而今乃有之，是乃天之所命也。」試問：當
世間發生各種災難疾病時，誰是「應該」受到這些苦果的？
孔子的感嘆只是：這麼好的人患了這麼壞的病，那是無可奈
何的命運啊！對命運可以感嘆，對天命只能知之與畏之，再
順之與樂之！這是孔子的基本立場。

　　如果尊重朱熹個人的閱讀心得，把此處所謂的「命」看
成「天命」，那麼我們不妨再回顧一下他在注解孔子自謂
「五十而知天命」時的說法。朱注說：「天命即天道之流行
而賦於物者，乃事物所以當然之故也。」依據此說，則萬物
（包括人在內）的一切遭遇都是「當然如此」，沒有什麼應
該不應該的問題。

　　王船山《讀四書大全說》對朱注推崇有加，但是對於朱
注的「命」概念不能無疑。他說：「朱子以有生之初，氣稟
一定而不可易者言命。……謂有生之初，便裁定伯牛必有此
疾，必有此不可起之疾，惟相命之說為然，要歸於妄而已

矣。」這話說得沒錯。

我們由朱注將「命矣夫」理解為「天命」,可知他未能分辨孔子所謂的「天命」是什麼;而由他對「天命」一詞的注解也證明了:他所知的只是命運而不是使命。然而,孔子豈是一個只知命運而不知使命的人?當他在匡城被圍困而有生命危險時,宣稱「天之未喪斯文也,匡人其如予何!」(9·5)這時他想的是命運還是使命呢?當然是百折不回的使命感!

23　顏子之樂

　　孔子對顏回的欣賞與肯定，幾乎是無所保留的。他說：「賢哉，回也！一簞食，一瓢飲，在陋巷，人不堪其憂，回也不改其樂。賢哉，回也！」（6‧11）

　　「賢」為傑出之意，在此表示顏回的德行高人一等。「一簞食，一瓢飲，在陋巷」，描寫生活窮困之至。「人不堪其憂」，意指一般人受不了這種窮困帶來的憂愁；但是顏回卻可以「不改其樂」。

　　在正常情況下，不會有人喜歡「貧賤」。孔子說過：「貧與賤，是人之所惡也。」（4‧5）所以一般人的憂愁是可以理解的，但顏回為何依然快樂？朱注引述程頤的話說：「顏子之樂，非樂簞瓢陋巷也，不以貧窶累其心而改其所樂也，故夫子稱其賢。」程子又說：「簞瓢陋巷非可樂，蓋自有其樂爾。其字當玩味，自有深意。」看到這兒，我們還是不明白顏回在樂什麼。

　　朱注繼續引述程頤的話：「昔受學於周茂叔〔周敦頤〕，每令尋仲尼顏子樂處，所樂何事。」由此可見，程頤的老師也讓他思考這個問題。朱熹最後總結說：「愚按程子之言，引而不發，蓋欲學者深思而自得之，今亦不敢妄為之說。學者但當從事於博文約禮之誨，以至於欲罷不能而竭其才，則庶乎有以得之矣。」

　　以上一大段注解，直到朱熹說「愚按」之前，就像在玩

猜謎遊戲。而朱熹最後所給的建議，也只是重述顏回推崇孔子時所說的「仰之彌高，鑽之彌堅」那一段話（9．11）。既然如此，為何不乾脆揭示答案，說他所樂的是「孔子的道」呢？

試問：若非孔子之道（或孔子所傳述的「道」），顏子又能樂什麼？一方面，孔子在教誨子貢請教「貧而無諂，富而無驕」時，明白指出：更好的做法是「貧而樂道，富而好禮」（1．15）。可惜，朱注的版本只有「貧而樂」三字，少了一個「道」字。我們分析過這段資料，指出：若是省略了「道」字，則「貧而樂」根本是痴心妄想。焦點拉回到顏回身上，我們不妨參考不同學派的人所留下的資料。《莊子・讓王》有一段對話：（以下直接譯為白話）

孔子對顏回說：「你家境貧窮，住處簡陋，為什麼不去做官呢？」顏回說：「我不願做官。我在城外有五十畝田，足夠供應我要吃的稀飯。在城內有十畝田，足夠生產我要穿的絲麻；彈琴足夠我自己消遣，所學老師的道足夠我自得其樂。所以我不願做官。」

也許《莊子・讓王》是莊子後學所作，甚至是更後代的偽作，但其所述故事合情合理，應有一定根據。顏回以「孔子之道」為樂，正如孟子描述伊尹以「堯舜之道」為樂一樣（《孟子・萬章上》），對於世間的富貴榮華皆毫不在意，再怎麼窮困也依然快樂。

在本章的下一章也不妨一併參考。冉求曰：「非不說子之道，力不足也。」子曰：「力不足者，中道而廢，今汝畫。」

（6‧12）冉求列名四科中的政事科，也是高材生之一，他坦承自己「不是不喜歡老師的道，只是力量有所不足。」孔子希望他不要畫地自限。由此可知，確實有「孔子之道」存在，使顏回樂此不疲。至於這種道有何具體內含，則須再作討論。

24 應該真誠

孔子說：「人之生也直，罔之生也幸而免。」（6·19）這句話的字面意思並不複雜，朱注說：「程子曰：生理本直；罔，不直也，而亦生者，幸而免爾。」試問：何謂「生理本直」？宋儒喜談「理」，通常作原則、條理來解。於是，生理本直是說：人的生命原則「本來」就是「直」（暫且說是正直），若是沒有正直還能活著，那是靠僥倖才免於災難的。

稍加思考即知：孔子的說法並無「本來」之意，即使我們將它理解為「本來」，也是指「應該」而言。正因為前半句說的是：人活著本來「應該」要直；後面才可接著說：不直而能活下去的人，是靠僥倖得免的。宇宙萬物之中，只有人類才有「應該不應該」的問題，但是再怎麼肯定「應該如何」，自古以來總是有不少人逆向而行，卻照樣活得長久。所以，孔子此語是深沉的感嘆。如果依程頤所說，「生理本直」是說「本來正直」（有如宋儒常說的「人性本善」），那麼立即就須面對一個質疑：為什麼生理本直的人，在真實的生活中竟會不直呢？如果你發現世間很多人不直而照樣活著，那麼你說「生理本直」又有什麼意義呢？

因此，程子與朱子所認可的「生理本直」如果代表孔子的意思，那個「本」字必須是指「應該」的意思。接著要問的是：「直」又指什麼？我在前面說「暫且說是正直」，是

因為「直」還有「直爽」之意。孔子對「直」作過許多評論。「好直不好學，其蔽也絞。」（17‧8）「直而無禮則絞。」（8‧2）「絞」為尖酸刻薄、刺痛人心。這樣的「直」需要「學」與「禮」的指導與約束，怎能說是正直？「直」當然是德行之一，如「益者三友」中的「友直」（16‧4），以及「孰謂微生高直？」（5‧23）都有正直之意。

那麼，所謂「人之生也直」，難道是兼指正直與直爽而言？或者，這兩個意思還有一個更基本的源頭？是的，答案是「真誠」。若不真誠，則正直與直爽都如無源之水。真誠是指一個人由內而外「直接」表達觀念、情感與意願，他所表達的如果符合社會正義（或某一群體公認的正義），則稱為正直；如果未經學習與禮儀的規範，則稱為直爽。

因此，把「人之生也直」的「直」理解為「正直」，難免涉及「誰來判斷正直」的問題；若將它理解為「直爽」，則它需要「學」與「禮」的配合，否則難免帶來後遺症。所以，這個「直」字最好理解為「真誠」。

孟子主張「思誠者，人之道」（《孟子‧離婁上》），以及「反身而誠，樂莫大焉。」（《孟子‧盡心上》）《中庸》第二十章主張「誠之者，人之道」，第二十五章又說「不誠無物」。那麼，為何孔子在《論語》中不曾說過「誠」（真誠之誠）字？事實上，孔子用兩個字表達了真誠：一是直，二是忠。

「忠」是盡己，顯然出於真誠之心，所以孔子會說：「忠焉，能勿誨乎？」（14‧7）「忠告而善道之」（12‧

23）。曾參也說：「為人謀而不忠乎？」（1‧4）以上皆指盡己之心對人對事真誠。「直」則是側重盡己之心的狀態，是對自己的真誠。

結論則是：孔子的意思是：「人活著就應該真誠；不真誠而能活著，是靠僥倖而免於災難的。」這種說法背後有一套人性觀，值得繼續深入探討。

25　關於鬼神

　　孔子相信鬼神存在嗎？要回答這個問題，首先要界定鬼神的意義。「鬼」比較單純，人死為鬼，成為某種無形而有作用的靈體。相對於此，「神」比較複雜，除了指古代偉人，也可以指山川之靈。像《國語‧魯語下》記載孔子所說：「山川之靈，足以紀綱天下者，其守為神。」因此，山川有其靈，守護山川的偉人在死後則稱為神。

　　以上所說，為春秋時代的共識，孔子沒有不相信的理由。問題在於：孔子對鬼神的態度如何？宋儒上距孔子一千五百多年，他們往往從自己的角度觀察孔子，由此產生一些誤解。譬如〈雍也〉篇記載：樊遲問知，子曰：「務民之義，敬鬼神而遠之，可謂知矣。」（6‧22）朱注說：「專用力於人道之所宜，而不惑於鬼神之不可知，知者之事也。」這種解釋參考了「知者不惑」的觀點，但是把「敬鬼神而遠之」說成「不惑」，是否恰當？

　　朱注接著引述程頤的說法：「程子曰：人多信鬼神，惑也。而不信者又不能敬。能敬能遠可謂知矣。」他在說什麼呢？「信鬼神」是惑；不信鬼神則不能敬之。因此，要做到「能敬」，就必須信鬼神，亦即必須「惑」。已經惑了，又如何做到「能遠」？試問如此怎能算是「知」呢？程頤之說顯得錯亂，問題出在他的前提是：「人多信鬼神，惑也。」

　　綜觀《論語》全書，孔子從未懷疑過鬼神的存在。鬼神

猶如祖先（包括一切死者），已經在他們活著的時候盡了一份責任。現在他們過去了，值得我們感念，因而受享我們的祭祀，這不是很自然的事嗎？祭祀鬼神必須出於虔敬之心，所以要「敬鬼神」；那麼，為何接著要說「而遠之」呢？有些學者自作聰明，對孔子此語提出質疑：「敬則不該遠之，遠之則表示不敬。」

那麼，孔子為何說，對鬼神要「敬而遠之」？所謂「敬」，是指定期祭拜，依禮而行。所謂「遠」，是指人不該勞煩鬼神，而該承擔自己的責任。譬如，遇到水災旱災時，不知積極救災，卻去作法祈福，變成「不問蒼生問鬼神」，那不是迷惑之至嗎？孔子談到人對鬼神應有的態度時，總是不忘提醒人應該承擔責任。譬如，這兒討論的這句話，前面就有「務民之義」四字，意思是要人專心做好百姓認為該做的事。在另一處，孔子也說：「非其鬼而祭之，諂也；見義不為，無勇也。」（2‧24）同樣也提及了「義」字。

由此可知，相信及祭拜鬼神，並非程頤所謂的「惑」。人之惑，在於無法分辨鬼神與人事之間的分寸。孔子推崇大禹時，特別提及：「菲飲食而致孝乎鬼神。」（8‧21）對鬼神「致孝」，表示鬼神是人類的祖先。大禹這麼做，難道是迷惑的表現嗎？當然不是，他得到孔子毫無保留的稱讚。

當子路請教老師如何「事鬼神」時，孔子並未否認鬼神的存在，他只是提醒子路：「未能事人，焉能事鬼？」（11‧12）這話表示「鬼」是已經去世的先人，我們應該努力在此

世服侍長輩長官，再以此態度推及先人即可。這兒所說的依
然是要我們注意「分寸」。人的心思如果只聚焦於今生今世，
將難免於褊狹固陋。或許這才是孔子談智慧要兼舉鬼神與人
事而言的理由。

26　博施濟眾

　　子貢是言語科的高材生，擅長思辨與表達。他對孔子所教導的「仁」有些不解，不免自己存想那是怎樣的生命境界。〈雍也〉篇有一段資料十分精采。

　　子貢曰：「如有博施於民而能濟眾，何如？可謂仁乎？」子曰：「何事於仁！必也聖乎！堯舜其猶病諸！夫仁者己欲立而立人，己欲達而達人。能近取譬，可謂仁之方也已。」（6·30）這段對話要如何理解？

　　首先，聖比仁更難達成，因為「博施濟眾」只有「有其德有其位」的帝王才可能做得到，所以孔子會說連堯舜都會覺得很難達成。在〈憲問〉篇孔子也說過「堯舜其猶病諸」，所指的是「修己以安百姓」（14·42），意思同樣是要博施濟眾。因此，說「聖」必須兼及個人修行的「成效」而言。那麼，說「仁」呢？「己欲立而立人，己欲達而達人」，顯然是指一生努力的方向，要使自己與群體皆走向善境，尤其要以個人來幫助群體。這是每個人都可以設定的目標。此目標之完成即是聖。

　　朱熹說：「仁以理言，通乎上下；聖以地言，則造其極之名也。」他忽略了「由仁以至聖」的觀點。所以他會接著說：「以是〔這種聖人才可做到的博施濟眾〕求仁，愈難而愈遠矣。」子貢把聖看成仁，當然是「難」，但這個目標是正確的，因此怎能說「愈遠」呢？試問：立人達人的目標不

正是博施濟眾嗎？

　　孔子明明說：「何事於仁！必也聖乎！」意即：聖的層次要高於仁，但是朱熹的重點依然放在仁上。他先說「仁以理言，通於上下」；又說由仁者之心「可以見天理之周流而無間矣」。他接著引述程頤的話說：「仁者以天地萬物為一體，莫非己也。」

　　當孔子說「己欲立而立人，己欲達而達人」的時候，他會想到「仁者以天地萬物為一體」嗎？說的明明是「己與人」，是個人在群體中的角色與責任，現在忽然轉變擴大為包括天地萬物，實在有些勉強而不知所云。至於「能近取譬」，朱注說：「近取諸身，以己所欲譬之他人，知其所欲亦猶是也，然後推其所欲以及於人。」這是合理的詮釋。但是試問：我們對天地萬物也要做到「能近取譬」嗎？要如何做呢？孔子也曾射鳥釣魚（7‧27），在馬廄失火時「不問馬」（10‧17），這樣算是不合「仁者以天地萬物為一體」的標準嗎？「以天地萬物為一體」是很美的想法，但是源出道家（尤其是莊子，可參考《莊子‧齊物論》），不可不辨。

　　以孔子來說，「仁」字主要是談「修己安人」。在此，「人」是指我與相關的人。若是談到「修己以安百姓」，即使連堯舜也覺得力有未逮，因為「百姓」是指天下所有的人。在孟子看來，仁是出於人心的「愛人」表現，「仁者愛人」（《孟子‧離婁下》）。換言之，儒家的「仁」字，由字源上看來，「從人從二」，是指人我之間的適當關係。這是基本立場。孔子本人當然是立志行仁的人，他的志向是「老者

安之，朋友信之，少者懷之」（5‧25）。這三點無一不是考量「人我之間」的關係，再聚焦於自己的責任上。離開人我關係，就不是儒家談仁的範圍了。孟子說：「親親而仁民，仁民而愛物。」（《孟子‧盡心上》）對親人要親愛，對民（百姓）要行仁，對動物要照顧（或對萬物要愛惜）。他用「仁民」一詞，可謂恰當。

27　何有於我

　　《論語》有兩段資料，由於最後談到「何有於我哉？」所以對於我們了解孔子本人的想法很有幫助。

　　在〈述而〉篇，孔子說：「默而識之，學而不厭，誨人不倦，何有於我哉？」（7‧2）意即：默默記得所見所聞，學習而不厭煩，教人而不倦怠，何有於我哉？問題在於：最後這個問句是什麼意思？

　　有些學者認為「何有」二字是說「有何困難」，表示很容易。譬如，「於從政乎何有」（6‧8），「為國乎何有」（4‧13），皆指「何難」。但是現在句法稍變，改為「何有於我哉」，意思仍是「何難」嗎？配合另一段資料來看，在〈子罕〉篇孔子說：「出則事公卿，入則事父兄，喪事不敢不勉，不為酒困，何有於我哉？」（9‧16）那麼，這四件事仍然意指「何難」嗎？

　　以上兩段資料，加起來有七件事，確實都是孔子「可以」做到的。但是如此公開肯定自己的能力，似乎不合孔子的作風。因為孔子說過：「古者言之不出，恥躬之不逮也」（4‧22），「君子欲訥於言而敏於行」（4‧24）。孔子大概不會列舉自己的優點並公開宣稱：這些對我有何困難！

　　與此相反的注解出現了。朱注說：「何有於我，言何者能有於我也。三者已非聖人之極至而猶不敢當，則謙而又謙之辭也。」意思是，孔子宣稱這些事他都沒有做到。這確實

是謙而又謙，以致有些虛偽了。如果「何有於我」真的是指孔子皆未做到的事，那麼另一段引文所謂的「不為酒困」，難道是說孔子做不到「不為酒困」以致經常喝醉酒嗎？這又與「謙而又謙」有何關係？

事實上，朱注肯定是錯的。因為孔子說過：十室之邑沒有人比他好學（5‧27），這是「學而不厭」，他承認自己尚未做到聖與仁，但「為之不厭，誨人不倦」（7‧34）。至於「不為酒困」，則〈鄉黨〉篇明明說孔子「唯酒無量，不及亂」（10‧8），他顯然可以做到「不為酒困」。

以上兩段資料所列舉的七件事（默而識之，學而不厭，誨人不倦；出則事公卿，入則事父兄，喪事不敢不勉，不為酒困）中，最值得注意的是「喪事不敢不勉」，這一點涉及孔子職業的部分，留待另文再談。但是，說「不敢不」，則表示：這事既不是很容易也不是很難，而是「期許自己做得更好」。這種自我期許應該才是孔子說這兩段話的用意。

換言之，「何有於我哉」是說：這些事我做到了多少？如果我尚未做到，就要期許自己努力去做；如果我已經做到，就要期許自己做得更好。最重要的是：這七件事都不是可以一勞永逸就完成的，你必須時時行之，日日行之，再年年行之，期許自己臻於完美的地步。朱注總是強調孔子是天生聖人，孔子的謙虛是為了鼓勵凡人上進。就孔子本人而言，許多說法並非為了期許自己，而是為了教導別人。這種觀點難以成立。孔子之可敬，就在於他由凡人走向聖人的修練過程值得我們取法。如果孔子是天生聖人，我們又能向他

學習什麼？

　　此外，最近沉思這兩章，對於「何有於我哉」又有了新的理解。孔子的意思也可能是：只要分別做到了上述三事與四事，等於是在修己善群方面盡到了自己的責任，那麼對於其他一切就無所求了。「何有於我哉」是說：我還需要其他什麼東西呢？富貴榮華與生活享受根本不在考慮之列。

28 朝聞夕死

　　想知道一個人的人生觀，必須明白他對死亡的理解與態度。《論語》中的「死」字共三十八見，提供不少資料，讓我們可以由之探討孔子的想法。

　　在這些資料中，最簡單的只有七個字，就是〈里仁〉篇所記的：子曰：「朝聞道，夕死可矣。」（4‧8）字面上的意思是：早上聽懂了人生理想，就算當晚要死也無妨。

　　「朝」與「夕」並說，是形容時間的短暫，有如一天之中的早與晚。試問：是什麼樣的「道」，讓人聽懂之後可以立即死而無憾的？道原指人生之路而言，我們譯為人生理想或人生正途。要聽懂這種道「似乎」並不困難。

　　朱熹的注解說：「道者，事物當然之理。苟得聞之，則生順死安，無復遺恨矣。朝夕所以甚言其時之近。」這與我們所謂「字面上的意思」差不多。

　　不過，所謂「事物當然之理」是指什麼？在《朱子語類》中，學生請教朱子時，首先指出：「道之大者，莫過乎君臣父子夫婦朋友之倫，而有其親義序別。」這並不是很難聽懂的。接著，學生的疑惑是：聽懂這種道就立即去死，又怎能使人無憾？

　　朱熹如何回答呢？首先，他同意「吾之所謂道者，君臣父子夫婦昆弟朋友當然之實理也」；如果有人覺得聽懂這些好像沒什麼用，那是因為他知道得不夠真實。「若知得真實，

必能信之篤，守之固。幸而未死，可以充其所知為聖為賢。萬一即死，則亦不至昏昧一生如禽獸然。」

孔子的「七字箴言」簡單明確，經過朱熹的解釋，加上許多條件：「若……必……」，「幸而……萬一……」。如此一來，好像孔子的說法與立場反而不清楚了。

孔子的意思是什麼？在面對「人必定會死」這個事實時，人生最重要的事莫過於：聽懂人生理想與人生正途，讓自己內心由此轉向光明。這是強調生命的「質」勝於生命的「量」。這裡彰顯了孔子深刻的宗教情操。偉大的宗教家對人生都有類似的智慧。

在《新約‧路加福音》第二十三章有以下一段記載。耶穌被釘在十字架上時，他的左右兩邊各釘了一名強盜。「那同釘的兩個犯人，有一個譏笑他，說：『你不是基督嗎？可以救自己和我們吧！』另一個就應聲責備他：『你既是一樣受刑的，還不怕神嗎？我們是應該的，因為我們所受的與我們所做的相稱；但這個人沒有做過一件不好的事。』他接著對耶穌說：『主啊！你到達你的國度時，請你記得我。』耶穌對他說：『我實在告訴你，今天你就要同我在樂園裡了。』」

耶穌對第二名強盜所說的話，不是類似「朝聞道，夕死可矣」嗎？如果強調時間的短暫，還可以說他是「夕聞夕死」。佛教有一句廣為人知的話：「放下屠刀，立地成佛。」這不是「一念覺即成佛」嗎？

因此，孔子的話是洞徹人生道理的開悟之語，而不是斥

斤計較於在何種條件之下可以死而無憾的想法。我借用宗教家的言行來對照孔子的觀點，是要強調孔子有其無可比擬的宗教情操，顯示了人間的至高智慧。至於我們「聞道」之後是否真能覺悟，就要看個人的造化了。

29　德必有鄰

　　有些話說得太肯定，很容易引起疑惑。在〈里仁〉篇有一句很短的話：「德不孤，必有鄰。」（4‧25）意即：有德行的人是不會孤單的，一定會有人支持他。

　　朱熹的注解是：「鄰，猶親也。德不孤立，必以類應。故有德者必有其類從之，如居之有鄰也。」這句注解有如今日的翻譯，並未說明何以德不孤「必」有鄰。這種說法自然引發質疑。陳天祥《論語辨疑》指出：「經中有必字，義不可通。有德者固有類應相從之道，惟明治之世為可必也。若昏亂之世，乃小人類進之時，君子則各自韜晦遠遯以避其害，卻無類從不孤之理，必字於此不可解矣。」

　　陳氏所疑者不只是朱注，更可推源於孔子的原文。問題在於：孔子所說的只是就人類社會的經驗去歸納一些道理嗎？如此則治世與亂世相去千里，所歸納的東西又怎能說「必」呢？眾所周知，由歸納法是無法得出普遍有效的結論的。陳氏的質疑有其根據，只是孔子說這句話時，他心中所想的不是歸納社會經驗所得出的結論，而是他對「人性」的某種洞見。

　　談到「洞見」（或洞識、洞察），是說可以看穿表面現象而直接掌握其內在的本體或本性。凡是第一流的哲學家與宗教家，都有這種洞見能力。以孔子為例，當他說「德不孤，必有鄰」時，他所洞見的是人性的真實狀況，亦即人性「向

善」。善的具體作為是「德」。任何人行善，都會得到別人的認同與支持。這種認同與支持是具有普遍性的，不論治世亂世皆是如此，所以可以說「必」有鄰。

陳氏質疑時，提及亂世中的「小人道長，君子道消」，這確實是社會的現實狀況。不過，關於小人是否也有「向善之性」，可以參考《大學》第四章談「誠意」的一段資料：「小人閒居為不善，無所不至，見君子而後厭然，揜其不善而著其善。」意即：小人平日就做不善的事，沒有什麼壞事不做的；看到君子之後，才閃閃躲躲的樣子，遮掩他所做的壞事，並且張揚他所做的善事。以上所說為基於孔子思想所作的引申，是出於「人性向善」的觀點。

如果進而參考〈為政〉篇所云：子曰：「為政以德，譬如北辰，居其所而眾星共之。」（2．1）試問：為何以德行來治理國家，其效果會像北極星一樣，本身端居其位，其他眾星辰就會依序各就其位，環繞而歸向之？德行為何會產生這種類似「無為而治」（15．5）的觀點？這是否代表孔子的主張是人性本善呢？儒家一貫強調仁政與教育，因此不會主張人性本善。

再回到本文所討論的「德不孤，必有鄰」一語，如果人性本善，則根本不會出現「德孤」的現象。正是因為人性只是向善，所以有德之人在亂世中偶爾覺得孤單時，孔子會鼓勵他們「德不孤，必有鄰」，因為眾人的向善之性可能暫時在亂世中迷失了，但不會一直如此。即使天下人一時都迷失了，但人性最深的根源依然有可能隨時由真誠而復甦，並出

而支持有德者。

　　我們學習孔子思想，要特別留意他的全稱命題（所有的人皆如何）以及他的肯定語詞（何種行為一定會有何種反應）。因為這一類語句說出了他的洞見，也是他建構整個學說體系的基礎。

30 孔子之憂

孔子說過「仁者不憂」，所憂者若是富貴榮華或生活享受，則確實不必也不該憂。但是孔子也說過「君子憂道不憂貧」（15‧32），這時所憂者是理想能否實現，就必須也應該憂了。

除了憂道之外，孔子對於自己的修養也有很高的要求，這即是他所說的「四憂」。〈述而〉篇記載：子曰：「德之不修，學之不講，聞義不能徙，不善不能改，是吾憂也。」（7‧3）這話說得懇切，除了自勉也可以勉人。但是到了朱熹眼中，這一類說法都成了孔子的謙詞。他直接稱孔子為「聖人」，使孔子的四憂聽來有些矯情。這實在不是主張「知之為知之，不知為不知」（2‧17）的孔子所能接受的。

既然談到「知」，我們先依此引申幾句。孔子明明說自己「我非生而知之者」（7‧20），朱注卻非強調孔子是「生知之聖」不可。孔子清楚說自己並非「不知而作之者」（7‧28），是靠多聞多見而善擇之；朱注竟說：「然亦可見其無所不知也。」孔子若是聽到後人說他「生而知之」，「無所不知」，恐怕難免啼笑皆非。

因此，當孔子說「若聖與仁，則吾豈敢」（7‧34）時，我們可以想像，朱注一定會說：「此亦夫子之謙辭也。」當孔子說自己生活窮困而樂在其中時（7‧16），朱注就說：「那是因為聖人之心渾然天理。」當學生描述孔子「溫而厲，威

而不猛，恭而安」（7‧38）時，朱注說：「惟聖人全體渾然，陰陽合德。」然後，在孔子生病而子路請禱時（7‧35），朱注怎麼說？「聖人未嘗有過，無善可遷。」這些都只是取自〈述而〉篇的資料，已可見其一斑。

針對朱注，我們認為：一，孔子是一位真誠的人；二，孔子的一生是由平凡走向不平凡的歷程；三，孔子的修行關鍵在於心存四憂而努力改善自己。以這三點為基礎，才可開花結果，成就至聖先師的大業。這三點也是一般人可以學習效法的。以下再就四憂稍加分析：

首先，孔子擔心「德之不修」。他認為自己很幸運，只要有任何過失，別人一定會知道。「丘也幸，苟有過，人必知之。」（7‧31）他希望到了五十歲可以專心研究《易經》，如此則「可以無大過矣」（7‧17）。《易經》中最常見的占驗之詞是「無咎」，要做到無咎（沒有災難或責怪），只有「善補過」這個辦法。經常補救過錯，自然不會有大過了。

其次，孔子擔心「學之不講」。他的學不厭與教不倦，皆出於此一關懷。他曾經「正樂」，使雅、頌各得其所（9‧15）。他也作《春秋》，使亂臣賊子感到害怕（《孟子‧滕文公下》）。他還刪詩書、定禮樂、贊周易。司馬遷在《史記‧孔子世家》說：「中國言六藝（亦即六經）者，折中於夫子。」這種成就即是出於對「學之不講」的實踐的結果。

然後，孔子還擔心「聞義不能徙」與「不善不能改」。這兩點都是就具體的作為而說的。他教誨學生要「徙義」（12‧10），指出「過而不改，是謂過矣」（15‧30），

這些也是他期勉自己的要求。身教與言教兼顧，而身教更重
於言教。弟子們對孔子「心悅誠服」（《孟子·公孫丑上》），
絕不只是言教的影響而已，因此孔子真的有此四憂，並非讓
人驚訝之事，反而顯示了孔子進德修業的決心與毅力。讀此
四憂，更增加我門對孔子的敬愛仰慕之心，並且興起亦步亦
趨之志。

31 束脩之禮

孔子身為老師，他在什麼情況下願意教誨後生晚輩呢？他說：「自行束脩以上，吾未嘗無誨焉。」（7‧7）所謂「束脩」，原指十束乾肉，代表薄禮，是古代成童十五歲上大學時敬奉師長的見面禮。孔子使用這個詞，所指的是十束乾肉或所謂的學費，還是有其他用法呢？

朱注認為：束脩是薄禮，表示來者誠心向學，所以孔子沒有不教誨的。另外，在《後漢書》的〈延篤傳〉與〈伏諶傳〉都出現「束脩」一詞，而這兩處的「注」都說是指「年十五以上」，並且可以上溯到鄭玄的觀點。也有人把「束脩」說成「束帶修飾」。如黃式三《論語後案》說：「自行束脩以上，謂年十五以上能行束帶修飾之禮。」那麼，束脩是指薄禮還是指年紀呢？為了辨明這個問題，首先不妨就語法來看。

首先，如果束脩是指乾肉，則句子結構是：「自行……以上。」但是遍查《十三經》的語句，沒有這種用法。有的是「自……以上」，所指為年紀，為「從幾歲以上」之意。譬如，《周禮‧秋官司寇》兩度提及「自生齒以上，皆書於版」，意思是：從一歲以上的孩子都要登記戶口。「以上」二字描寫數字往上增加，十分恰當。如果把「以上」說成學生帶著乾肉「來請教我」，則表示孔子這個老師自居高位，實不合宜。

其次，在《論語》中，「自」字二十見。其中十次為「從」（從某處或某時）。以「自」為「自己」，只有一種用法，就是作為反身動詞的主詞，譬如「夫子自道」（14·28），「毋自辱焉」（12·23），「躬自厚而薄責於人」（15·15），以及「自訟」（5·26），「自省」（4·17）等，這個「自」是不能另有「受詞」的。現在，如果依朱注，把「自行束脩以上」理解為「自己帶著乾肉來請教我」，那麼這兒的「自」就有明確的受詞（乾肉）了。如此不合乎其他的「自」作為「自己」的用法。

如果把這個「自」當作「從」，就沒有問題。孔子的意思是：「從十五歲以上的人，我是沒有不教誨的。」至於十五歲的人是否「束帶修飾」，則並非重點。年紀是唯一考量。孔子自己「十有五而志於學」（2·4），他有心上進，向老子學禮，向師襄習樂（《史記·孔子世家》），得到老師們的指導與鼓勵。現在他自己學習有成，有心回饋社會，所以宣稱從十五歲以上的人皆可來學，這不是很合理的說法嗎？古代一般百姓的孩子接受鄉村教育，到十五歲為止就須就業。只有貴族子弟可以上大學念書。但是春秋時代末期，社會動盪，階級之間開始流通，學習的機會也增多。孔子開平民教育之先河，即是指此而言。

現在的問題是：如果孔子不在乎乾肉或薄禮，他又以何維生？〈鄉黨〉篇有「沽酒市脯不食」（10·8）一語，表示孔子不吃市面上的乾肉。他有三千弟子，如果每人都送上十束乾肉，則前後總計三萬束乾肉，如何可能消化？所以在

考慮孔子的生活費用時，不必計較作為乾肉的束脩。孔子在
二十歲前後成家，他曾擔任季氏家族的委吏（管倉庫）與乘
田（管牧場）（《孟子·萬章下》）。後來又以「知禮」聞名，
開始為人主辦喪禮。在貴族之家辦理喪事時，喪祝（喪禮主
持人）任務繁重，待遇尚可養家餬口。如此直到他五十一歲
從政成為大夫。

　　有關孔子擔任喪祝之事，下文將作更完整的說明。

32　主持喪禮

　　孔子五十一歲從政，在此之前他靠什麼維持生活？孔子
三歲喪父，由母親撫養長大，他後來說自己「吾少也賤，故
多能鄙事」（9‧6），公開承認自己家境貧窮、地位卑微。
他二十歲成家，生兒育女，過著平凡而不寬裕的生活。他擔
任過季氏家族的基層公務員，為期不會太長。

　　當時在民間教書不是一門職業。他說「自行束脩以上，
吾未嘗無誨焉」（7‧7），在此所謂的「束脩」並非乾肉
或學費，而是泛指十五歲以上的年輕人。這一點已經談過。
我們認為，孔子的主要收入是為人主辦喪禮。特別是貴族之
家，遇有喪禮必定慎重舉辦，也需要聘請專業人員來負責。
孔子即是當時著名的禮儀專家。

　　據傳孔子年輕時，曾向老子學習禮儀，在一場喪禮場合
擔任過老子助手。在他三十歲左右，魯國大夫孟僖子安排兒
子向孔子學禮，也因而使孔子開始了教學生涯。《論語》有
些資料，必須以孔子擔任喪祝為背景才可清楚理解。

　　譬如，〈述而〉篇記載：「子食於有喪者之側，未嘗飽
也。」（7‧9）這句話應該是弟子所記。試問：孔子有何理
由要在有喪者之側吃飯，並且還從未吃飽過？這當然是因為
他主持喪禮儀式，必須在喪家住上一段時間。弟子所記，足
以顯示孔子異於一般喪祝之處。一般喪祝既然以此為業，長
期下來可以保持內心平靜，照常吃飽飯。但孔子不同，因為

他情感真摯，總能體諒喪家之悲戚，以致未嘗飽也。

孔子情感確實豐富，〈述而〉篇接著一段是：「子於是日哭，則不歌。」（7‧10）他若在某日哭過，則當日不再唱歌。必須等到第二天才能讓情感歸零，再重新出發。這兩段資料是我們了解孔子工作與生活的重要參考，而朱注卻十分簡短。對前者，他說：「臨喪哀不能甘也。」好像這種「未嘗飽也」只有在偶爾參加喪禮時才會發生。對後者，他說：「哭謂弔哭，一日之內餘哀未忘，自不能歌也。」好像孔子除了參加別人的喪禮而「弔哭」之外，平常看到任何悲慘的事件都不會掉淚似的。

孔子以助喪為業，最有力的證據是〈子罕〉篇記載：子曰：「出則事公卿，入則事父兄，喪事不敢不勉，不為酒困，何有於我哉？」（9‧16）這裡列舉的四件事中，「出」與「入」是每天發生的事，「不為酒困」也是日常生活所有之事，那麼，「喪事不敢不勉」呢？上下所說皆為每日或經常出現之事，「為人辦喪事不敢不盡力而為」難道也是每日或經常出現的事嗎？答案應該是肯定的，不然這種說法就顯得突兀了。依此推測孔子以喪祝為業而必須經常為人辦喪事，不是十分合理嗎？

《禮記‧檀弓下》記載孔子六十多歲時旅居衛國，還曾為大夫司徒敬子主持喪禮。〈鄉黨〉篇也有一段資料：「朋友死，無所歸，曰：於我殯。」（10‧22）表示孔子得知朋友過世而無人料理後事時，主動出面負責喪葬事宜，因為他原是一位禮儀專家。孔子有些學生跟隨孔子習禮，後來也有

以喪祝為業的。《墨子‧非儒》記載：有些儒者以喪事為謀
生之資，而失去了虔誠哀戚之心；他們聽說有錢人家要辦喪
事，「乃大說〔悅〕喜曰：『此衣食之端也！』」同樣是喪
祝，孔子「未嘗飽也」，後儒則慶幸可以由此得到衣食。我
們感嘆這種情況，但也依此更確信孔子曾長期以喪祝為業。

33　重視齋戒

　　關於孔子有無信仰的問題，值得深入辨析。首先要考慮的是信仰的對象。古人所信者，一為天，二為鬼神。孔子明確區別兩者。他顯然依循古代傳統，相信天是唯一的至上神，所以會說：「獲罪於天，無所禱也。」（3．13）他自己五十歲而「知天命」（2．4），然後再「畏天命」（16．8）與「順天命」（2．4）。

　　至於鬼神，則是統括了自然界的神與作為人類祖先的鬼而言。「鬼神」二字合用時，側重的是祖先，所以他稱讚禹的做法是「致孝乎鬼神」（8．21）。當子路請教「事鬼神」時，他的回答是：「未能事人，焉能事鬼？」（11．12）鬼與人對照，同樣是指祖先而言。因此，人對待鬼神，就像對待所有已逝的先人，不可為了個人利益，「非其鬼而祭之」，亦即違禮「諂媚」（2．24）。正確的做法是「敬鬼神而遠之」（6．22），盡好當前活人的責任。

　　孔子所信者大致如此，但信仰若無實踐的行動，則只是欺人之談。信仰的實踐行動之一是祭祀。我們介紹過孔子「祭如在，祭神如神在」的表現，還指出他強調虔誠的心態，批評「祭如不祭者」（3．12）。祭祀的準備工作是齋戒，在這方面有一章材料十分重要。

　　《論語・述而》：「子之所慎：齊、戰、疾。」（7．13）「齊」與「齋」通用。意思是：孔子以慎重態度對待的

三件事是：齋戒、戰爭、疾病。在此，齋戒位居第一，戰爭排序第二。這兩點符合春秋時代的共識，亦即所謂「國之大事，在祀與戎」。在此，祭祀依然先於兵戎。齋戒是為了準備祭祀，現在成為孔子最為慎重對待之事，不是很恰當嗎？

那麼，朱熹如何注解「齊」呢？他說：「齊之為言齊也。將祭而齊其思慮之不齊者，以交於神明也。誠之至與不至，神之饗與不饗，皆決於此。」由於齊與齋通用，朱注乃刻意避開具體的齋戒行動，轉而強調「齊其思慮之不齊者」。齋戒固然可以助人整齊思慮，但是若要整齊思慮則未必需要靠齋戒。並且，思慮整齊之後，與「交於神明」也沒有必然的聯繫。

朱熹大概是出於好心，以為像孔子這樣的至聖先師不應該像一般的善男信女那樣，也重視「七日戒，三日齋」所規定的具體儀式。但是〈鄉黨〉篇怎麼描述孔子呢？請看：「齊，必有明衣，布。齊必變食，居必遷坐。」（10‧7）在這一章，朱注反而十分貼切，他說：

「齋必沐浴，浴竟即著明衣，所以明潔其體也，以布為之。變食謂不飲酒，不茹葷，遷坐易常處也。此一節記孔子謹齋之事。楊氏曰：齋所以交神，故致潔變常以盡敬。」

由此可見，孔子重視具體的齋戒行動，其目的是為了以誠敬之心祭拜鬼神。這也很明顯是古代信仰的實踐。因此，在談到孔子有無宗教信仰這個問題時，答案是肯定的，他不僅有信仰，同時還參與必要的祭祀活動。

《中庸》第十六章引述一段孔子的話：「鬼神之為德，

其盛矣乎！視之而弗見，聽之而弗聞，體物而不可遺。使
天下之人齊明盛服以承祭祀。洋洋乎如在其上，如在其左
右。」鬼神之「德」是就其功能而言，可以使天下人慎終追
遠，誠敬存心，並且珍惜此生。重視齋戒位居孔子所慎之首，
實有深意。

34　德的意義

　　〈述而〉篇有一章，記載孔子經過宋國，宋國司馬桓魋意圖加害他，結果孔子說：「天生德於予，桓魋其如予何！」（7‧23）這句話相當費解，漢代注者包咸說：「天生德於予者，謂授我以聖性也。德合天地，吉而無不利，故曰其如予何也。」這種解法顯示孔子的自信抵達難以想像的高度，甚至認定自己具有「聖性」而「德合天地」。朱熹的注解較合原文的字面意思：「孔子言天既賦我以如是之德，則桓魋其奈我何。言必不能違天害己。」

　　若是上述二注所言為真，則孔子在當時又何必「微服而過宋」（《孟子‧萬章上》）？並且，孔子的「如是之德」只是單純地「由天所授所賦」嗎？這種天賦之德如果是與生俱有，則孔子一生所論有關修德的說法，譬如他說自己憂慮「德之不修」（7‧3）云云，豈不是虛情假意的作秀之語？因此，這個問題值得辨明。

　　在《論語》書中，「德」字有三種用法。其一是政治領袖治理百姓時，以德為其號召，亦即所謂的「德治」。譬如，「為政以德，譬如北辰，居其所而眾星共之。」（2‧1）這句話反映了自古以來的理想政治。孔子認為，治理人民時，最好是「道之以德，齊之以禮，有恥且格。」（2.3）德與禮配合，將可保障社會的穩定。這種德並非「天賦聖性」，而是需要君主努力實踐的。做得好，就被推崇為「至德」，

如周文王的大伯「泰伯」，三以天下讓（8.1）。以及周文王本人「三分天下有其二，以服事殷」（8.20）。

其次，「德」字代表由某種作為所形成的「作風」，意思是中性的。譬如，「慎終追遠，民德歸厚矣。」（1‧9）「君子之德，風；小人之德，草；草上之風必偃。」（12‧19）「鳳兮，鳳兮，何德之衰。」（18‧5）這種用法較為少見。

其三，「德」字用得最多的是指德行。亦即一般人所應該進行的德行修養。但是一般人很少知道為何應該修養德行，此即「知德者鮮矣」（15‧4），以致有些人成為「德之賊」（鄉愿）（17‧13）或「德之棄」（道聽而塗說）（17‧14）。孔子多次感嘆「吾未見好德如好色者也」（9‧18；15‧13）。他自己也不斷在努力修德。

基於上述分析，可知天下沒有人是生來具有聖性或某種完美德行的。那麼，孔子所說的「天生德於予」又該如何理解？

理解的契機在於：先參考孔子在匡被圍，同樣有生命危險時所說的話。他說：「文王既沒，文不在茲乎？……天之未喪斯文也，匡人其如予何！」（9‧5）這段資料與前文對照之下，都提及「天」，也都宣稱「其如予何！」只是所依據的理由不同。前文提及「德」，在此提及「文」或「斯文」。這兩個字詞連在一起，又出現了新的理解契機，就是要參考〈季氏〉篇開頭，孔子要求兩位學生勸阻季氏在魯國境內動武，其中談到：「未如是，故遠人不服，則修文德以來之。」（16‧1）這裡使用了「文德」一詞，可謂饒有深意。

　　孔子長期修養自己的「文」（人文教化）與「德」（德行）。他是為了奉行天命而這麼做的，所以在生命陷入險境時會亮出底牌，說自己代表了「文」，也驗證了「德」。因此，所謂「天生德於予」是說：上天是我這一生德行的來源。我為了奉行天命而修養了這麼好的德行，現在不可能莫名其妙地死於桓魋之手。這句話當然表現了高度的自信，但不至於說是自己得天獨厚，生來即有此德。

35 面對鬼神

《論語‧先進》有這麼一章：

季路問事鬼神。子曰：「未能事人，焉能事鬼？」「敢問死？」曰：「未知生，焉知死？」（11‧12）

針對子路的兩個問題，孔子用兩個反問語句來回答，希望他明白「由近及遠」的道理，不要忽略眼前「可為可知」之事，而有好高騖遠的念頭。這固然是因材施教的方法，但有關鬼神與生死的問題依然存在。本文先談鬼神。

子路的問題是「事鬼神」，孔子的回答只說「事鬼」。可見「鬼神」與「鬼」可以畫歸同一個範疇，都是高於人類或外於人類的某種存在領域，或可稱之為靈異世界。鬼神與人類有關，因為古人相信「人死為鬼」，因此鬼為人之祖先；而「神」與自然界（如天地山川）之靈有關。

古人相信鬼神擁有特殊能力，可以對人施加禍福，因此人要定期舉行祭拜鬼神的儀式。天子祭天地，諸侯祭境內山川，然後人人皆需祭拜祖先。依《論語》所載，孔子的鬼神觀並未超出此一範圍，但是他的相關言論與作為，依然有正本清源的作用。

首先，人對鬼神不可諂媚。孔子說：「非其鬼而祭之，諂也。」（2‧24）這表示當時已有此種風氣，百姓為了求福免禍而踰越分寸，祭拜那些不該自己祭拜的鬼神。孔子在衛國時，大夫王孫賈希望得到孔子的支持，乃引用當時的一

句成語「與其媚於奧,寧媚於灶。」(3‧13)這裡兩個「媚」字也反映了當時的功利心態。孔子則答以:「不然,獲罪於天,無所禱也。」表示他不會討好鬼神,並且揭示了他對「天」作為至上神的信仰。

其次,孔子只向天禱告,而不向鬼神禱告。他有一次生病時,子路請禱。他還問:有這種事嗎?子路說:「誄曰:禱爾於上下神祇。」孔子說:「丘之禱久矣!」(7‧35)子路所引述的是當時一句祝福之語。「上下神祇」一詞包括「天神、地祇、人鬼」,亦即鬼神世界的所有成員。孔子的回答並不表示他長期以來一直在做這種禱告,因為正如上文所言,他只向天禱告。他定期舉行祭祀活動,這一點在談孔子慎重對待「齋戒」一文時已經說過。

第三,人對鬼神必須依禮制規定舉行祭祀活動,當孟懿子請教如何做到孝順時,孔子說:「無違。」然後在樊遲請教其意時,他說:「生,事之以禮;死,葬之以禮,祭之以禮。」(2‧5)本章的後半句提及葬與祭,皆須依禮而行。這正是孔子的立場。他自己「祭如在,祭神如神在」(3‧12),依禮而行,並且心態虔誠,做到「祭思敬,喪思哀」(19‧1)。

總結以上三點,可以歸納為孔子回答樊遲問「知」的一句話:「務民之義,敬鬼神而遠之,可謂知矣。」(6‧22)由此回到前面子路的問題,如何事鬼神?要依禮制規定而祭祀,此即敬鬼神。為何要遠之?人要承擔自己的責任,專心做好為民服務之事,不必過度勞煩鬼神。這不是孔子所

說的「未能事人，焉能事鬼」嗎？

　　朱熹注解此章時，強調「然非誠敬足以事人，則必不能事神」，又引述程頤所云：「盡事人之道，則盡事鬼之道。」事人與事鬼並非一事，其間的密切關聯無可置疑，但仍須清楚分辨。

36　生死問題

　　孔子在回答子路提問時，說過「未知生，焉知死？」（11‧12）有些學者依此評論，說孔子不明白何謂死亡。這個問題值得辨析。

　　死亡是作為生命的對照面及限制面而受人關注。凡物有生必有死，人自不例外。但是人會思考與選擇，必須自行決定以何種方式面對此生。在考慮這個問題時，就無法脫離他對死亡的認知。如果死亡結束一切，人死宛如燈滅，那就不必在乎世間的規範，但求「苟全性命於亂世」，偶爾感嘆「浮生若夢，為歡幾何」罷了。

　　因此，凡是強調「生死如晝夜」的觀點，都是屬於常識。譬如，朱熹注解本章時，談到「非原始而知所以生，則必不能反終而知所以死。蓋幽明始終初無二理。」他接著引述程頤的說法：「晝夜者，死生之道也。知生之道，則知死之道。」以這種觀點來描述孔子的生死觀，合適嗎？

　　《論語》中，「死」字出現三十八次。孔子對死亡表達了何種看法呢？一方面，死亡是生命的「結束」；但是另一方面，孔子認為這種結束應該是某種「目的」的完成。如果死亡只是像夜晚結束白晝一樣，那麼他何必苛責原壤，批評他「老而不死是為賊」？（14‧43）「老而不死」一詞只是描寫某人活得很老，但不管再老，終究還是會死。這樣的人被認為是「賊」，因為他傷害了做人的原則，亦即人生不能

只是活著而沒有目的。

　　人生的目的應該是什麼？儒家之所以為儒家，不正是在於清楚闡明了這個問題的答案嗎？請看下述引文：

　　　子曰：「朝聞道，夕死可矣！」（4‧8）
　　　子曰：「篤信好學，守死善道……」（8‧13）
　　　子曰：「志士仁人，無求生以害仁，有殺身以成仁。」
　　　（15‧9）
　　　子曰：「民之於仁也，甚於水火。水火，吾見蹈而死者
　　　矣，未見蹈仁而死者也。」（15‧35）

這四段引文都談到了死亡，這個死亡是指完成了人生應有的目的。此目的即是「道」或「仁」。道是人類共同的正路，仁是一個人特定的正路；兩者都是孔子所「志」的對象，如他所說過的「志於道」（7‧6）與「志於仁」（4‧4）。

　　依此為準則，後起的儒家都持相同的立場。如孟子說：「舍生而取義」（《孟子‧告子上》）；荀子說：「君子畏患而不避義死」（《荀子‧不苟》）；《易傳》說：「君子以致命遂志」（〈困卦‧象傳〉）；《中庸》說：「國無道，至死不變」（第十章）。

　　由此可知，孔子並不重視「死亡作為生命的結束」這種觀點，所以他會說「死生有命，富貴在天」（12‧5）。他所重視的是：死亡應該完成人生的目的。做為目的的道、仁、義等，可以統稱為「善」。若要證明此一觀點，必須肯定「人

性向善」。然後,人生的過程應該是「擇善固執」,而這正是《中庸》第二十章所謂的「人之道」。由此抵達最後的目標,則是「止於至善」(《大學》第一章)。

朱注在此只說「幽明始終初無二理」,又引程氏以畫夜為死生之道的說法,實在不足以闡釋孔子的思想要旨。

37　善人的特色

　　自古以來，每一個社會都有善人與惡人，這當然是個淺顯的觀察。我們暫且不去計較大家所謂的善人與惡人，是否採取相同的判斷標準。在這種情況下，儒家「勸人為善」有必要嗎？是否另有什麼特殊理由？

　　若要說明這個問題，就需分辨「善人」與「仁者」有何異同，因為孔子所期許我們的不只是做個善人，還要進一步做個仁者。

　　首先，孔子同意任何地方都有善人與惡人。子貢請教老師：全鄉的人都喜歡某人，老師覺得如何？孔子說：這樣不夠好。子貢接著說：那麼，全鄉的人都討厭某人，老師又覺得如何？孔子說：這樣也不夠好，最好是全鄉的「善者」都喜歡他，而全鄉的「不善者」都討厭他。（13‧24）

　　農業社會安土重遷，一鄉之中對於善人與惡人，總會有些共識。這說明即使沒有孔子的教誨，照樣有些人可以成為善人。依《論語》所載，「善人」經常扮演政治領袖的角色。最明確的資料是：

　　子曰：「『善人為邦百年，亦可以勝殘去殺矣。』誠哉是言也！」（13‧11）
　　子曰：「善人教民七年，亦可以即戎矣。」（13‧29）

這兩句話都著眼於「上行下效」，不過效果似乎不太理想，百年才可勝殘去殺，七年才可教化即戎。雖然如此，孔子照樣感嘆很難見到善人。他說：「善人，吾不得而見之矣，得見有恆者斯可矣！」（7‧26）這裡所說的善人顯然是採取了高標準，以致孔子未嘗得見。相對於此，「有恆者」應指有恆於行善者。這表示善必須持之以恆，最後才可能真正成為善人。

總結上述討論，可知「善人」一詞可以泛指每一鄉都有的善人，也可以專指德行卓越的善人。也許是因為不明白其中道理，〈先進〉才有底下一章：

子張問善人之道。子曰：「不踐迹，亦不入於室。」（11‧20）朱注說：「善人，質美而未學者也。程子曰：『踐迹，如言循塗守轍。善人雖不必踐舊迹，而自不為惡，然亦不能入聖人之室也。』」

試問：善人為何不能入聖人之室？依朱注所言，關鍵在於「未學」。未學什麼呢？朱熹所未說明的應該是指：未學孔子之道。這一點應無問題，但是為何學「孔子之道」就可以入聖人之室？為了回答這個問題，還是要設法分辨善人與仁者之異同。

善人與仁者都是努力行善之人，但差別有二。一，善人行善而「不知在根本上為何必須行善」；二，善人行善但「不會為了行善而犧牲性命」。

仁者呢？仁者由於真誠而覺悟內心有向善的力量，要求自己主動為之，因此即使沒有外在的規範或鼓勵，也會努力

行善。簡而言之，仁者明白人性向善的道理，所以行善。其次，仁者願意為了行善而犧牲生命，並且知道這種犧牲不是損失而是成全了人性，因而產生「殺身成仁」（15·9）與「舍生取義」（《孟子·告子上》）的信念。這兒所謂的「成」與「取」，驗證了可以入於聖人之室了。孔子少談善人而揭示「仁者」的典型，因為這是他立說的基礎所在。

38 曾點言志

孔子有許多學生，《史記·仲尼弟子列傳》說：「孔子曰，受業身通者，七十有七人，皆異能之士也。」在《論語》中較受矚目的是〈先進〉所列的四科十哲（11·3）。十哲之外還有「有子、曾子、子張、樊遲、原憲、公西華」等，都有值得稱述之事。但是有一人只出現一次，卻得到極高的評價，那就是曾子的父親曾晳，亦即曾點。

在〈先進〉的「曾點言志章」，原文記載孔子與四位弟子談志的內容。弟子為子路、冉有、公西華，以及曾點。前三位弟子的志向是要擔任軍事家、政治家、外交家，都是要以學問來服務百姓，合乎孔子教育的理念。而曾點的志向讓人耳目一新，乍聽之下並非志向，而是一種生活態度。但是，這一次孔子充分肯定了曾點，他「喟然而嘆，曰：吾與點也。」（11·26）這又是怎麼回事呢？

朱熹注解《論語》，在此處對曾點的評論讓人讚嘆。我們先看看朱注如何評論別的學生，這裡包括他引述宋朝學者的評論在內。譬如「子貢之意，蓋欲為皎皎之行聞於人者」（13·20）；「便見仲弓與聖人用心之大小。……一心可以喪邦，只在公私之間爾」（13·2）；「子張常過高而未仁，子夏之病常在近小」（13·17）；「樊遲之志則陋矣」（13·4）。如此不一而足。

那麼朱熹如何推崇曾點呢？他說：

「曾點之學，蓋有以見夫人欲盡處，天理流行，隨處充滿，無少欠缺，故其動靜之際從容如此。而其言志，則又不過即其所居之位，樂其日用之常，初無舍己為人之意，而其胸次悠然，直與天地萬物上下同流，各得其所之妙，隱然自見於言外。」

那麼，曾點到底說了什麼志向呢？他說：「莫春者，春服既成，冠者五六人，童子六七人，浴乎沂，風乎舞雩，詠而歸。」這段話與「人欲盡處，天理流行」有何關係？又與「天地萬物上下同流」如何牽連？朱注顯然是在借題發揮他自己「去人欲，存天理」的哲學觀點。依他所注，曾點已達聖人之境。

如果回到原文，就會讀到後續的資料。孔子說了「吾與點也」之後，前面三位同學大概知道自己這一次未受老師肯定，乃立即離開了教室。接著發生什麼事呢？曾點繼續請教老師：為什麼對子路的志向要微微一笑（此有嘲笑之意）呢？冉有所說的不是在談治國吧？公西華所說的不是在談治國吧？對這三個問題，孔子一一回答，該指正的指正，該鼓勵的鼓勵，該肯定的也加以肯定。但是這一部分已然證明了曾點談不上「胸次悠然」，更與「隨處充滿，無少欠缺」無涉，因為他心中存著明顯的「比較」意念。

在孟子看來，曾點尚未達到「中道」標準，只能算是「狂者」。狂者的表現如何呢？「其志嘐嘐然，曰：古之人，古之人。夷考其行而不掩焉者也。」（《孟子·盡心下》）意即：他們志向高遠，開口就說「古人啊，古人啊。」考察他

們的行為,卻與他們的言論未必吻合。

　　孟子的評論十分合理。如果光靠敘述志向就能得到像朱注所說那樣的至高讚美,那麼誰還需要具體從事德行修養的功夫呢?

39　克己復禮

　　孔子思想的核心概念是「仁」。「仁」字不是一般的名詞，而是涉及人生應該如何抉擇的行動，因此意思是指「行仁」。弟子請教「仁」時，孔子因材施教，所給的答案正是指點學生如何行仁，意即如何走上人生正途。

　　顏淵是孔子最好的學生，在德行是第一，在好學是唯一。他如果問仁，孔子顯然會說出自己最珍貴的心得。不過，在〈顏淵〉篇一開頭，就有「顏淵問仁」，孔子的回答是什麼呢？他說：「克己復禮為仁。一日克己復禮，天下歸仁焉。為仁由己，而由人乎哉？」（12‧1）

　　問題出在：「克己復禮為仁」一語，在《左傳》昭公十二年出現過，原文是「夫子聞之，嘆曰：『古也有志，克己復禮，仁也。』」原來那是孔子引述的一句古語。依此而論，「克己復禮」只能理解為：約束或克制自己，以遵循禮的規範。但問題是：孔子會如此回答顏淵嗎？並且，他後面所說的「為仁由己，而由人乎哉？」又是何意？前一個「己」字要克制，後一個「己」字要由之，兩者如何協調？

　　理解的關鍵是：孔子主張「溫故而知新，可以為師矣。」（2‧11）他引用古語，但很可能賦予新意。譬如，他談到《詩經》，曾說：「詩三百，一言以蔽之，曰：思無邪。」（2‧2）他以《詩‧魯頌‧駉》中的第一句「思無邪」來描寫整部詩經。原文是指駿馬直行不彎曲，現在成為「全都出於真誠的

情感」。這不是溫故知新的例子嗎？

孔子強調個人的主體性，他說「古之學者為己，今之學者為人。」（14‧24）他又說「君子求諸己，小人求諸人。」（15‧21）依此而論，他所謂的「克己復禮」一語中的「己」字，不但不是應該約束或克制的，反而應該成為主動的主體，所以原文才會接著說：「為仁由己。」

再者，「克」字在古代常做「能夠」解，這在《尚書》屢見不鮮。大家較為熟悉的是《大學》引述《尚書》的「克明德」（〈康誥〉），「克明峻德」（〈堯典〉）。既然如此，「克己復禮」可以連成一個完整的觀念，不必再分裂為二，如克己與復禮。譬如，朱注說：「克，勝也；己謂身之私欲也。復，反也；禮者天理之節文也。」如果「己」是「身之私欲」，那麼下半句的「為仁由己」如何理解？朱注說：「又言為仁由己，而非他人所能預，又見其機之在我而無難也。」同一個「己」字，在同一句話中，竟有如此針鋒相對的用法，恐怕值得商榷。

依本文作者所理解，本章至此可以譯為：「能夠自己作主去實踐禮的規範，就是人生正途。不論任何時候，只要能夠自己作主去實踐禮的規範，天下人都會肯定你是走在人生正途上。走上人生正途是完全靠自己的，難道還能靠別人嗎？」一言以蔽之，行仁就是要「化被動為主動」。由真誠而自覺向善之要求，然後主動依禮而行。本章接著還有顏淵請教具體做法，而孔子答以「非禮勿視，非禮勿聽，非禮勿言，非禮勿動。」這四點都是要求「由被動入手」，在具體

行動上，先「約我以禮」（9‧11），再化被動為主動，做到「克己復禮」，能夠自己主動行禮。這才符合孔子的真正想法。

40 管仲之仁

關於管仲的評價,在《論語》中有些爭議。

管仲在春秋初期齊國內亂時,曾與召忽一起追隨公子糾,後來公子小白得勝,立為桓公。公子糾被殺,召忽自殺,管仲卻因鮑叔牙的薦舉,輔佐桓公九合諸侯一匡天下,在齊國長期執政,享盡榮華富貴。孔子批評管仲「器小、不儉、不知禮」(3‧22)。

但是,當子路以召忽之死來指摘管仲之不死,並說他「未仁乎?」孔子卻為管仲辯護,說:「桓公九合諸侯,不以兵車,管仲之力也。如其仁,如其仁。」(14‧16)

朱注說:「如其仁,言誰如其仁者,又再言以深許之。蓋管仲雖未得為仁人,而其利澤及人,則有仁之功矣。」這簡單的兩句話有些矛盾。說管仲是「誰如其仁者」,好像天下無人比得上他的仁;又說他「雖未得為仁人」。難道「仁者」與「仁人」竟有什麼重大差異?不過,最後半句話「而其利澤及人,則有仁之功矣」倒是說對了。

孔子的意思是:管仲輔佐桓公九合諸侯,「不以兵車」,亦即用外交手段避免了戰爭,使各國因而減少了人員的傷亡。這就是他的行仁表現。「如其仁」為「乃其仁」,此意已有不少注者指出,但未說清楚為何此乃管仲之仁。

在《論語》中,孔子認為值得赴死的理由有二:一是仁,如「有殺身以成仁」(15‧9)之說;二是道,如「朝聞道,

夕死可矣」（4‧8）之說。因此，仁與道之同異值得關注。
簡言之，道是人類共同的正路，而仁是個人所選擇的正路。
道有普遍性，所以君子「謀道不謀食」，「憂道不憂貧」
（15‧32）；仁有個別性，所以「我欲仁，斯仁至矣」（7‧
30）。兩者的具體作為都是「善」，而善是「我與別人之間
適當關係之實現」。

　　管仲身為齊國宰相，他所面對的「別人」是齊國百姓。
現在做到「不以兵車」而使天下安定，無異於造福了各國百
姓。這不是他實踐了「善」的要求，並且超過了這個要求
嗎？此乃其仁也。

　　在子路之後，子貢繼續對管仲質疑。孔子說：「管仲相
桓公，霸諸侯，一匡天下，民到於今受其賜。微管仲，吾其
被髮左衽矣……。」（14‧17）這兒所謂的「民」與「吾」
皆可指稱天下百姓。可見孔子也認為管仲所造福的不只是齊
國百姓，而是擴及於天下人。只有根據前面所謂「善」的定
義，才能說清楚其中的道理。

　　不僅如此，孔子反對自殺，他最後說：「豈若匹夫匹婦
之為諒也，自經於溝瀆而莫之知也。」他的意思是：如果管
仲也自殺，則不但糟蹋了個人生命，也將是天下人的一大損
失。就一事論一事，他並非在此批評召忽之自殺。召忽之自
殺，也許符合「殺身成仁」的要求，但這不是此處的重點。
儒家主張人性向善，而「善」不能脫離人我關係。因此，個
人不能自外於社會。這是孔子「知其不可而為之」（14‧
38）的理由所在，也是孔子「老者安之，朋友信之，少者懷

之」（5‧26）的志向之依據。

　　簡單結論如下：在思考「道德與事功」時，儒家的答案是：道德不離事功。因此，朱注說管仲「有仁之功」是對的。他未明白的是：仁與功不可二分。否則孔子何必強調「君子之仕也，行其義也」（18‧7），以及「天下有道，丘不與易也」（18‧6）？

41 無為而治

　　從字面上看，「無為而治」似乎是儒家與道家共同的主張；但是深入分析則將見到兩者涇渭分明。何以如此貌同而實異？關鍵在於孔子的人性論。

　　在《論語·衛靈公》，孔子說：「無為而治者其舜也與，夫何為哉？恭己正南面而已矣。」（15·5）意即：舜擔任天子，在治理百姓這件事上，他沒有特別做什麼，而只是「恭己正南面」。問題是：「以端莊恭敬的態度坐在王位上」真的是無為嗎？

　　為了回答這個問題，必須參考〈為政〉開頭的一段話。子曰：「為政以德，譬如北辰，居其所而眾星共之。」（2·1）亦即：以德行來治理國家，就像北極星一樣，安坐在它的位置上，其他星辰環繞著它而展布。這兒的「居其所而眾星共之」有個前提，就是「為政以德」。同樣的，前面談到舜的「無為而治」也有個前提，就是「恭己正南面」。合而觀之，可知舜不是真的無為而治，而是為政以德。問題是：為什麼為政以德可以達到無為而治的效果？

　　在回答這個問題之前，不妨先看看道家的無為而治。我要說的並非「道常無為而無不為」（《老子》三十七章）這種大格局的描述，也不是人在「為道日損」時所體認的「無為而無不為」（《老子》四十八章）這種奇妙的效果，而是《老子》十七章的：「太上，下知有之；其次，親而譽之；

其次，畏之；其次，侮之。信不足焉，有不信焉。悠兮其貴言。功成事遂，百姓皆謂：我自然。」

　　所謂「太上，下知有之」，是說：最好的統治者，百姓只知有他的存在，而不知他做了什麼，因此對他既不親而譽之，也不畏之侮之。最後呢？大功告成，萬事順利，百姓都認為「我們是自己如此的」。以上是老子「無為而治」的明確版本。這兒的「太上」是指《老子》書中的「聖人」，亦即悟道的統治者。他的作為源自悟道所得的智慧，亦即體認了道是萬物的來源與歸宿，所以一切在道中形成了整體。人又何必自作聰明而弄巧成拙？從「百姓皆謂：我自然」一語，再配合「小國寡民」（八十章）來看，可知老子的思想不屬於實際社會的狀況，而只是道家理論之合理推想的結果。

　　相對於此，孔子的無為而治基於一套完整的人性論。人性向善，因此統治者為政以德，行善照顧百姓，百姓自然並自動擁護這樣的統治者。所謂人性，所指的是天下人皆有如此之性，若不這樣理解，就很難認同孔子許多具有普遍意義的論述。譬如，「言忠信，行篤敬，雖蠻貊之邦行矣。」（15‧6）忠信篤敬皆合乎善的要求，所以蠻貊之邦的百姓也會表示歡迎。在〈子路〉有「樊遲請學稼」章，孔子強調統治者如果愛好「禮、義、信」這些善行，接著呢？「夫如是，則四方之民襁負其子而至矣。」（13‧4）四方之民何以如此？因為人性向善。子夏轉述他聽過的話，內容有：「君子敬而無失，與人恭而有禮，四海之內皆兄弟也。」（12‧5）何

以四海之內的人可以成為兄弟？答案也是人性向善。統治者在「遠人不服」時，上策是「則修文德以來之」（16‧1），亦是出於相同的信念。

　　總之，儒家的無為而治與為政以德，是一事之兩面，而其基礎在於肯定了人性向善。

42　先後問題

　　關於先後,有兩種考慮:一是時間上的先後;二是邏輯上的先後。釐清這兩種先後的不同,實有必要性。

　　孔子前往衛國,冉有為他駕車。孔子說「庶矣哉!」冉有請教接著該做什麼?孔子說:「富之。」冉有繼續請教,孔子說:「教之。」(13‧9)這段文本說明了孔子的觀點。從事政治的人首先要使人口眾多,接著要使他們富裕,然後要教育他們。這裡所說的「首先、接著、然後」三個詞,就涉及「先後」問題。

　　如果這兒的先後是指時間上的先後,那麼請問:人口多到什麼程度才要開始使他們富裕?並且,百姓要富裕到什麼程度才要開始教育他們?我想這一類的問題根本沒有標準答案。朱注說:「庶而不富,則民生不遂,故制田里薄賦斂以富之。富而不教,則近於禽獸,故必立學校明禮義以教之。」如此一來,如果人少就不必富之嗎?如果未富就不必教之嗎?

　　換一個角度,從邏輯上的先後來看,就不會陷於這樣的難解困局了。所謂邏輯,是指合理的思維,其作用在助人明白我們所使用的概念。譬如,「父母」與「子女」這兩個概念孰先孰後?在時間上是先有父母才有子女,但是在邏輯上兩者是同時出現的。我們無法理解「無父母之子女」與「無子女之父母」。那麼,邏輯上有無「先後」的情況呢?譬如

有人看到世界在變化之中，就體認了除非有個創造的力量存在，否則無法理解這樣的世界。這個創造的力量（可稱為天、道、神、上帝、存有本身等）就是邏輯上在先的，而世界則是在後的。

那麼，孔子說的「庶矣、富之、教之」如果從邏輯上看，其先後如何？答案是「教之」為先，因為若是不談「教之」，則「庶矣、富之」是無法理解的。這兒所謂的「為先」是就庶矣與富之的「目的」而言。若是少了這個目的，則人多何用？富裕何益？

〈顏淵〉有「子貢問政」章。孔子說：「足食，足兵，民信之矣。」（12‧7）子貢請教如果三者非要依序去掉，該如何安排其序？孔子說：先要去兵，其次去食，理由是「自古皆有死，民無信不立。」由此可知，政治人物治理國家，其目的在於使百姓信賴政府。忽略這個目的，再多的軍隊與糧食都無法帶給百姓幸福。

如果不明白上述邏輯上先後的道理，就不易理解孔子的許多觀點。〈衛靈公〉有一章的內容如下。子曰：「民之於仁也，甚於水火。水火，吾見蹈而死者矣，未見蹈仁而死者也。」（15‧35）一般百姓沒有水火就無法生存，所以可能為了取得水火而犧牲生命。但是不在乎「仁」是什麼而活著的人到處皆是，孔子何以認為仁比水火更重要？答案是：仁是人們活著的目的。如果排除了仁，則人生終究難免於一死，那麼，水火再多又有何意義？

反之，一旦有了仁，則人生的目的顯豁出來，水火可多

可少也就不成問題了。結論是：仁是我們理解人生時，邏輯上在先的概念。若是不談仁，不重視仁的教育，則人生是無法理解的。

43 「性相近」的討論

　　《三字經》是南宋末年的學者所編寫的，用意是作為孩子的啟蒙教材，藉此推廣儒家所肯定的德行。六百多年以來，此書深入人心，孩童琅琅上口，其中有些觀念影響極大。有趣的是，作做為儒家的啟蒙書，它的開宗明義第一句是「人之初，性本善」，第二句才是孔子所說的「性相近，習相遠」。問題是這兩句話有無矛盾呢？

　　朱熹對於孔子這句話是怎麼理解的？原文出於《論語·陽貨》，子曰：「性相近也，習相遠也。」（17·2）朱注說：「此所謂性，兼氣質而言者也。氣質之性固有美惡之不同矣，然以其初而言，則皆不甚相遠也，但習於善則善，習於惡則惡，於是始相遠耳。」這話對孔子提出了質疑，因為宋朝學者談人性，是先將人性一分為二，有「天地之性」與「氣質之性」，分別作做為「天理」與「人欲」的由來。要談人性，只能就其天地之性而言，如果「兼氣質而言」，就會無法分清本末（或分清其初的本然狀態與其後的具體活動）。朱熹認為孔子的觀念有點含混，未能準確把握人性的要義。他身為注家，只能勉強說：「相近」是指「不甚相遠也」。

　　但朱熹顯然還有話想說，於是他接著引述程頤的觀點，繼續這麼作注：「程子曰：此言氣質之性，非言性之本也。若言其本，則性即是理，理無不善，孟子之言性善是也。何相近之有哉！」朱注引述其他學者的話，偶爾會加上自己的

意見；他若純粹只是引用，則表示完全贊同其說。程頤是朱注引述最多的學者，所以後代有「程朱學派」之名。朱熹認為孔子「性相近」一語是「兼氣質而言者也」，程頤就直接說「此言氣質之性」。此注之用心昭然。孟子的「性善」是否「性本善」，我們將在討論《孟子》的部分再來分辨。然而，孔子說「性相近」，程頤卻直接說：「何相近之有哉！」這無異於直接駁斥孔子講的錯了。天下竟有這樣的注解，實在奇怪！

朱注為何一定要這麼寫呢？因為他與程頤都主張「人性本善」，既然是「本善」，就只能說「性相同」。現在孔子說「性相近」，不是直接挑戰了「性本善」嗎？這樣一來，程朱學派的詮釋不是會動搖嗎？於是朱注要勉強孔子來支持宋人的想法。這是用心良苦，但也是用心不良！

朱注找到機會就發揮自己的想法。譬如在〈衛靈公〉，子曰：「有教無類。」（15‧39）朱注說：「人性皆善，而其類有善惡之殊者，氣質之染也。故君子有教，則人皆可以復於善而不當復論其類之惡矣。」但是，這個「類」字與其說是「善惡之殊者」，不如說是不問出身背景，涵蓋「智、愚、賢、不肖」皆在內，而不是專就某人之善惡而言。像這樣的例子實在不勝枚舉。

回到文本。所謂「性相近」，合理的詮釋是「人性向善」。「向」為力量，有強弱之分，但皆指向善行。此孔子在「三年之喪」章（17‧21）所謂的「於女安乎？」亦即要問「你自己心安嗎？」每個人「心安」的情況有別，但「為

善則心安，為不善則心不安」則是人所共有的本性。由此接上「習相遠」就完全說得通了。有關「人性向善」之說，也將在我們討論《孟子》時得到進一步的闡明。

44 三戒與三畏

孔子說：「君子有三戒。少之時，血氣未定，戒之在色；及其壯也，血氣方剛，戒之在鬥；及其老也，血氣既衰，戒之在得。」（16・7）

這兒所謂的「君子」，不是指已經修養完成的君子，而是指「立志成為君子的人」。孔子口中的「君子」大都是這種正在進行修養的人。若非如此，試問：既然已是君子，又何所戒？若仍須戒「色、鬥、得」，怎能稱為君子？並且還有「少之時」一詞，試問：誰在少之時即已成為君子？

朱注說：「血氣，形之所待以生者。」沒有血氣，則人如何存在？他又說：「隨時知戒，以理勝之，則不為血氣所使也。」在此，「理」字沒有著落。孔子之意只是指出：在人生三階段中，血氣的自然欲望或衝動「可能」使人陷於特定的困境，所以要小心戒惕。所謂「以理勝之」，不如改為「以禮勝之」，亦即在顏淵請教「仁」之後的「敢問其目？」子曰：「非禮勿視，非禮勿聽，非禮勿言，非禮勿動。」（12・1）人自年少開始學習「禮」的規範，但可能終其一生也搞不清楚朱熹所謂的「理」，所以朱注講偏了。

朱注進而引述「范氏曰：聖人同於人者，血氣也；異於人者，志氣也……。」血氣與志氣之分，可說是范氏的發揮，尚有理趣，但孔子說的是「君子」，范氏卻要說「聖人」，此二概念在《論語》仍有差異。孔子說：「聖人，吾不得而

見之矣；得見君子者，斯可矣。」（7‧26）為《論語》作注，不可不分辨此一差異。

其次，孔子說：「君子有三畏。畏天命，畏大人，畏聖人之言。小人不知天命而不畏也，狎大人，侮聖人之言。」（16‧8）朱注說：「天命者，天所賦之正理也，知其可畏，則其戒謹恐懼自有不能已者。」看到「天命」一詞，就會聯想到孔子的「五十而知天命」（2‧4），朱注在此處說：「天命即天道之流行而賦於物者，乃事物所以當然之故也。」這兩處的注解不應有歧異，因為孔子前面的話中還有「小人不知天命而不畏也」一句，可見所知與所畏的「天命」是一致的。但是，「天所賦之正理」與「天道之流行而賦於物者」，這兩者沒有差異嗎？

朱注習慣「見天說理」。天命若是天理，那麼單講「天」一字呢？當孔子婉拒王孫賈的邀請時說：「獲罪於天，無所禱也。」（3‧13）朱注說：「天即理也。」換言之，天命是指天理，而天即是理。這真是越說越迷糊了。誠如清儒錢大昕所說：「謂禱於天，豈禱於理乎？」誰能向「理」禱告？誰又須敬畏某種抽象的「理」？

三畏的對象還有大人與聖人之言，皆清楚明確，何以天命就那麼不著邊際呢？孔子「五十而知天命」（2‧4），他又說「知我者其天乎」（14‧35）。他與天之間顯然有某種互動關係，不可讓後代的注家輕易忽略。

總之，若要成為君子，必須進行長期的修養，對自己要做到「三戒」，對超越自己之外的力量則要做到「三畏」。

戒之畏之，終身戰戰兢兢，朱熹的「人性本善」之說實無立
足之地。

45 益者三樂

　　孔子重視朋友。他說過：「益者三友，損者三友。」
（16‧4）他的志向之一是「朋友信之」（5‧25），他希望
使天下做朋友的人都能互相信賴。作為志向，這句話只能這
樣理解，不然若是依朱注，說成「我要相信朋友」或「使朋
友相信我」，實在算不上志向，又怎能與「老者安之、少者
懷之」並列？在此，老者與少者並不是指孔子家中的老少，
而是指天下的老少。唯其如此，才可說是孔子的志向。何以
如此理解，本文稍後將會說明。

　　孔子說：「益者三樂，損者三樂。」人生的快樂很多，
其中三種有益的是「樂節禮樂，樂道人之善，樂多賢友。」
三種有害的是「樂驕樂，樂佚遊，樂宴樂。」（16‧5）有
害的不必多說，一聽即知那是驕傲自大與吃喝玩樂，對此提
出勸誡的人太多了。但是，「益者三樂」則是孔子的獨到之
見。

　　這兩組三樂的字面意義並不複雜，朱注就益者三樂與損
者三樂互相對照，如：「驕樂則侈肆而不知節，佚遊則惰慢
而惡聞善，宴樂則淫溺而狎小人，三者損益亦相反也。」這
樣的對照有牽強之嫌，但仍可成一說。他所忽略的是什麼
呢？是孔子的益者三樂所說的全在「人我關係」上。

　　首先，「樂節禮樂」，以得到禮樂的調節為樂。禮強調
「分」，如長幼尊卑各有規矩；樂強調「和」，使大家情感

真摯和諧。無禮樂則人群難以相處，社會亦無法安定。孔子談到「成人」時，認為在具備「知、不欲、勇、藝」這四種才能之外，還須「文之以禮樂」（14‧12）。禮樂使人做到「修己善群」，達成人生目標，何樂不為？

其次，「樂道人之善」，以稱讚別人的優點為樂。當子貢請教：君子也有厭惡的事嗎？孔子的回答有四點，第一點即是「惡稱人之惡者」（17‧24），厭惡述說別人缺點的人。兩相對照，可知孔子非常在乎「隱惡揚善」，因為如此不僅讓犯錯的人有改過自新的機會，更可以標舉善行，成為大家效法的表率。若要使社會相期以善，風俗趨於淳厚，亦可由「樂道人之善」著手。

然後，「樂多賢友」，以結交許多賢友為樂。這兒所謂的賢友，顯然必須符合「友直，友諒，友多聞」這「益者三友」的條件。孔子有位朋友，是衛國大夫蘧伯玉，他曾派人問候孔子。來人向孔子報告說：「夫子欲寡其過而未能也。」孔子對來人表示肯定，同時也反映了蘧伯玉是個難得的賢友（14‧25）。朋友之間互相責善，以人生正道相勉，實為樂事。

繼承此一傳統，《孟子‧盡心上》提及君子有三樂，其樂超過稱王天下。這三樂是：「父母俱存，兄弟無故，一樂也；仰不愧於天，俯不怍於人，二樂也；得天下英才而教育之，三樂也。」這三樂皆涉及「我與別人」的關係。這是因為儒家肯定人性向善，而善是「我與別人之間適當關係之實現」。因此，個人不能離開別人而完成自身人性的要求。

行善之樂還在於那是實現人性潛能的康莊大道。由於人性向善，人生正途必然是擇善固執，而其至高目標是止於至善。個人修養成為君子時，不僅成全了自身的人性，也將幫助別人成全其人性。何樂不為？

46 三年之喪

《論語》之中，能就同一個問題讓孔子說上三段話的篇章極少，其中最富理趣的是「宰我問三年之喪」章（17．21）。我們仔細分析此章，可以明白孔子對人性的基本看法。

宰我是言語科的高材生，善於思考與辯論。他對「三年之喪」的質疑是：君子若是守喪三年不行禮樂，則可能「禮壞樂崩」，造成人文世界的危機；至於自然界，則是以一年為周期，如稻米生長（在魯國山東地區一年一收）與鑽燧改火（一年輪用取火之木）皆為一年。兩者合而觀之，宰我認為守喪一年就夠了。

在此補充說明一點，「三年之喪」號稱三年，實為「二十五個月」。這在《荀子．禮論》與《禮記．三年問》皆有此說。

孔子並未就宰我的問題深入討論，而是轉移焦點，反問宰我：「食夫稻，衣夫錦，於女安乎？」意即若是只守一年之喪就恢復平日的衣食，你心裡安不安？

這樣的反問等於是讓宰我作個自由心證。宰我回答「安」，孔子似乎對此有所不滿，他說：「女安，則為之！夫君子之居喪，食旨不甘，聞樂不樂，居處不安，故不為也。今女安，則為之！」他提醒宰我要真正回到內心去體察，不要逞一時口舌之快。但是宰我話已出口，又能如何？他立即

離開了教室。孔子最後說了一段話，顯然是講給別的學生聽的。這一段話是整個討論過程的結語，饒富深意，但各家注解似乎未明其旨。

孔子最後說：「予之不仁也！子生三年然後免於父母之懷。夫三年之喪，天下之通喪也，予也有三年之愛於其父母乎？」這段話前後兩個「予」是指宰我（宰予，字子我）。孔子說宰予「不仁」，是說他「不真誠」，沒有認真面對自己生命全盤的發展過程。值得注意的是：孔子提到了「子生三年」一語。這是對人類生命初期的客觀描述。只要是人，都有三年需要父母（或其他長輩）懷抱，否則無法順利成長為人。

孔子的三段說法合而觀之，應該如何理解？他的思考模式是：人間的倫理規範（三年之喪），是為了回應人的心理情感（使人心安）而制定的；然後，心理情感又可以推源於人的生理特性（子生三年才可免於父母之懷）。如此形成「生理→心理→倫理」的觀點，可以說明人性的開展過程，人性與禮法的關係，以及人為何應該遵守禮法以行其善。

倫理規範是同一個社會的人群所應該遵守的，它不是由外在強加於個人身上的束縛，而是為了順利安頓人的心理情感的需要所設計的。反之，若無真實情感為基礎，則禮只是純粹形式而已。此所以孔子會說「人而不仁，如禮何？」（3‧3）人若不真誠，能用禮做什麼？再問，人為何會有這樣的心理情感？那是因為人的生理特性，亦即人有最長的幼兒依賴期。這種生理上的需求使人在心理上與父母形成至深的關

聯，而其自然的表現即是孝順的心意與具體的孝行規範。儒家以孝為立身之首要條件，其故在此。

由人與父母的關係，可以推及天下一切或近或遠的關係。這樣的禮樂不但不是束縛，反而是完成人生目的所不可或缺的。孔子說：「興於詩，立於禮，成於樂。」（8‧8）自然有其道理。

47 父子相隱

　　《論語‧子路》有一段資料，談到楚國的葉公告訴孔子：他們鄉里有個直率的人，他父親偷了羊，他親自去檢舉。孔子怎麼回應呢？他說：「吾黨之直者異於是：父為子隱，子為父隱。直在其中矣。」（13‧18）

　　這段資料引起許多討論。首先，「直」是指什麼？孔子肯定「直」是一種品德，亦即「六言六弊」章（17‧8）的六言之一，與「仁、知、信、勇、剛」並列。不僅如此，他認為「人之生也直，罔之生也幸而免」（6‧19）；人若未「直」則違反了生存原則。「友直」列為益者三友之首（16‧4）。他稱許衛國大夫史魚：「直哉史魚！邦有道，如矢；邦無道，如矢。」（15‧7）

　　由此可見，「直」字可作「直率」解，有如「心直口快」的成語，直率表現內心的所思所感。如果以「文質彬彬，然後君子」（6‧18）為標準，則「直」顯然屬於「質樸」的一面，因為孔子講完史魚之後，接著說：「君子哉蘧伯玉，邦有道則仕，邦無道，則可卷而懷之。」君子是經由學習與修養，能以智慧判斷出處進退。光是直率，固然顯得真誠，但難免有蔽，所以孔子說過「好直不好學，其蔽也絞」（17‧8），「直而無禮則絞」（8‧2）。「絞」為尖酸刻薄、刺痛人心。子貢所厭惡的人包括「訐以為直者」（17‧24），意即揭發別人隱私卻以為自己直率的人。

　　因此，「直」字有褒貶二義。不明人情世故、不依禮的規範，憑藉一時意氣就表現出來的直率，是不恰當的。此即葉公口中的直者。反之，出於真誠之心又合乎禮的規範，則是值得肯定的直率。孔子所謂的父子相隱而「直」在其中者，顯然是指後者而言。相隱而能合乎直的要求，是因為出於真誠之心而不是主動檢舉。並且「相隱」是被動的隱瞞不說，是消極的不作為。這種態度並不違背禮的規範。

　　朱注在此引謝氏之言，其中談到「瞽瞍殺人，舜竊負而逃，遵海濱而處。當是時愛親之心勝，其於直不直何暇計哉！」這句評論所謂的「瞽瞍殺人」，出自《孟子·盡心上》，是桃應請教孟子的一個假設性的問題。讀完整段故事，我們會發現謝氏之言並非重點。

　　桃應提問後，孟子先說：就讓法官皋陶逮捕殺人犯就是了。舜是天子，必須公平執法。接著，孟子再說：「舜視棄天下，猶棄敝屣也。竊負而逃，遵海濱而處，終身訢然，樂而忘天下。」由此看來，舜必須在「天子」與「兒子」兩者之間作個選擇。身為天子，必須執法，讓父親接受公平審判；身為兒子，就有保護孝養父親的責任。這兩者無法得兼，而舜應該會作孟子認為正確的選擇。舜不當天子，還有別人可當，試問天下何曾少過天子？但是舜不當兒子，則將無所逃於天地之間。這是真誠面對自己內心情感的直率表現。這正合乎孔子所謂的直。這不只是謝氏所謂的「愛親之心勝」的衝動表現，而是出於真誠之心，又不違背禮的規範，在天子與兒子之間作了正確抉擇的結果。

　　有些論者以孔子的「父子相隱」為理由，批評儒家沒有法治精神，重視親情而忽略社會正義。但是，一個人連不說話的權利都沒有，連為父母隱瞞某些事情的權利都沒有，那又是怎樣的一個社會？社會的基礎瓦解了，誰來判斷什麼是社會正義？

48 不了解孔子

我在介紹孔子思想時，常會談到許多人對孔子的誤解。這時聽眾難免發問：「你為什麼認為別人不了解孔子？」這個問題可以分幾方面來談，本文先談孔子自己的說法。

《論語·憲問》有一章是這麼寫的。子曰：「莫我知也夫！」孔子公然感嘆沒有人了解自己。此時旁邊有個子貢，他立即請教：「何為其莫知子也？」為何沒有人了解老師呢？孔子說：「不怨天，不尤人，下學而上達，知我者其天乎！」（14·35）這裡清楚顯示孔子認為只有「天」了解自己。孔子身為老師，但學生並不理解他的想法。

一般學生不了解孔子，或許情有可原。譬如，孔子說：「二三子以我為隱乎？吾無隱乎爾。」（7·24）有些學生以為孔子故意隱藏某些深奧的或重要的道理，因而使孔子必須出面澄清，表白自己沒有任何隱瞞。連這種話都說了，可見學生果然不了解這位老師。

有一位學生，名叫陳亢，他找到孔子的兒子孔鯉，特地問他說：「子亦有異聞乎？」（16·13）意即：你在家中可曾聽過老師提出什麼不同的觀點。他猜測孔子可能保留某些精華學說教給自己兒子。結果，孔鯉的回答讓他確信：老師在家中所教的依然是詩、是禮，以及對兒子保持適當的距離，以便加以教導。

孔子因材施教，他知道自己的兒子不是頂尖人才，所以

可能沒有談什麼高深道理。這是無可奈何之事。他在顏淵死時，對顏淵之父顏路說：「才不才，亦各言其子也！」（11·8）顏路也是孔子的學生，但卻生了個好兒子，讓孔子有些感慨，因為孔鯉遠遠比不上顏淵。何止孔鯉，三千弟子皆比不上顏淵之好學與修德。

那麼，顏淵應該最有可能了解孔子了。沒錯，司馬遷在《史記·孔子世家》記載一段故事，描寫孔子談到《詩·小雅·何草不黃》中的一句「匪兕匪虎，率彼曠野！」不是犀牛也不是老虎，為何在曠野中跑來跑去！他以此詩自況，再問三個學生的意見，子路與子貢的回答並未讓他滿意，只有顏淵可以體會老師的心意，以致孔子說：「顏氏之子，使爾多財，吾為爾宰！」意即：顏家這位年輕人，假如你哪一天發財的話，我來為你管家！

但是，聽聽顏淵在《論語》中怎麼說？他對孔子的描述是：「仰之彌高，鑽之彌堅，瞻之在前，忽焉在後。」在他眼中，孔子有如武俠高手，讓他摸不清頭緒；最後他說：「雖欲從之，末由也已！」（9·11）就算想要追隨老師前進，也找不到路可以走了。莊子談到顏淵向孔子學習時，說：「夫子步亦步，夫子趨亦趨，夫子奔逸絕塵。」顏淵對老師「亦步亦趨」，但最後老師跑得太快，以致灰塵停下，讓他無跡可尋。

《論語·憲問》中倒是有一位「荷蕢者」，他聽到孔子在家擊磬，就說：「有心哉，擊磬乎。」接著又說：「莫己知也，斯已而已矣！」（14·39）他從孔子的擊磬聲中，聽

出孔子在感嘆「莫己知也」。但這唯一的知音正好與孔子「道不同,不相為謀」(15‧40)。由此觀之,孔子認為沒有人了解自己,不是很清楚的事實嗎?

49　後人誤會孔子

　　清朝學者戴震（東原）在念私塾時，年紀十歲左右，出於好奇心請教老師：「朱子離孔子多久！」老師說朱子是南宋人，上距孔子大約二千年。其實沒有那麼久，是一千七百多年。戴震再問：「朱子離孔子二千年，為什麼只有朱子了解孔子？」

　　難道從孔子到朱熹這一千七百多年裡面，沒有一位讀書人了解孔子思想嗎？戴震這麼問，是因為自明朝科舉制度以來，念書人必讀的教科書是朱熹的《四書章句集注》。「四書」是《論語》、《孟子》、《大學》、《中庸》。光看原文實在不明所以，因此念書人從小要念朱子的注解。於是，朱注成了標準本，朱子也儼然成了孔子的代言人。

　　朱子認為，自孔孟以來，直到北宋的二程（程顥、程頤）才算有人了解了儒家的真諦，而他是南宋人，則以集大成者自居。但是，朱熹真的了解了孔子嗎？問題是：如何算是「了解」？

　　了解一位哲學家，要考慮他的核心概念，譬如：他對「人性」有何看法？他對「天」又有何看法？

　　孔子關於人性只說過「性相近也，習相遠也」（17‧2）這麼一句話，偏偏朱熹對這句話表示不同的意見。他一方面說孔子的「性」字是「兼氣質而言者也」。意思是，孔子的概念有些混淆，在談論「性」字時，沒有像宋儒一般區分「天

地之性」與「氣質之性」。宋儒認為，只有天地之性（又名天理）才是人性，至於氣質之性（此為人欲的由來）則不應列於性中。這樣才能放心說「性本善」。但「性本善」是孔子的想法嗎？

接著，朱熹特地引述他最崇拜的程頤的話說：「性即理也，理無不善，此孟子所言性善是也。何相近之有哉？」孟子所謂的「性善」是不是「性即理，理無不善」，這一點姑且不論，因為孟子「顯然」沒有說過這樣的話，但是在注解孔子的「性相近」時，直接質問：「何相近之有哉！」這實在有些駭人聽聞？他等於直接責怪孔子亂講。

的確，依程與朱之觀點，在主張「性本善」時，只能說「性相同」而不能說「性相近」。他們批評孔子的說法其實是出於他們自己對人性的看法。但我們還是要問：在探討孔子思想時，我們要聽孔子的話，還是要聽程朱的話？答案很清楚。像這樣的注解，實在缺少分寸，如果要肯定朱熹「了解」孔子，也實在強人所難。

換個焦點，看看「天」概念。孔子是極為重視天的，他認為自己「五十而知天命」（2‧4），這話必須認真看待。他在周遊列國時到了衛國。衛國王孫賈希望孔子成為支持自己的力量，就問他要討好哪一邊，是南子還是權臣？孔子說得好：「獲罪於天，無所禱也。」（3‧13）人如果得罪了天，就沒有地方可以禱告了。朱熹怎麼注解「天」？他說：「天即理也。」「理」是抽象的原理原則，它可以接受人的禱告嗎？清朝學者錢大昕問得好：「謂禱於天，豈禱於理乎！」

有誰可以向「理」禱告呢？這是把宋儒的觀念強加在孔子口
中，實在是莫名其妙。像這樣的注解如果可以說是了解孔子
思想，試問對孔子公平嗎？

50 聖人可學而至嗎？

我們閱讀儒家經典，遲早要問的是：聖人可學而至嗎？「聖人」是完美的人格典範，朱熹的注解以孔子為聖人的代表，這固然不足為奇，但我們依然要問：孔子作為聖人，是天生即是如此，還是經由學習與實踐而成就至此的？

如果孔子天生即是聖人，那麼我們再怎麼崇拜他也無濟於事，就像子貢說的：「夫子之不可及也，猶天之不可階而升也。」（19‧25）但是子貢的話還有些彈性，因為孔子也可能是經由後天修養才抵達完美的程度。不過朱注似乎一開始就認定孔子是「天生的聖人」。

譬如，當孔子描述自己「十有五而志於學」的一系列進步歷程時（2‧4），朱注怎麼說？他說：「程子曰：孔子生而知之者也。言亦由學而至，所以勉進後人也。愚謂聖人生知安行，固無積累之漸，然其心未嘗自謂已至此也。」

然而，孔子說：「我非生而知之者也，好古，敏以求之者也。」（7‧20）這話直接駁斥了前面的「程子曰」與朱子的「愚謂」。但是朱熹在此又引述「尹氏曰：孔子以生知之聖，每云好學者，非惟勉人也，蓋生而可知者義理爾，若夫禮樂名物，古今事變，亦必待學而後有以驗其實也。」尹氏所云尚稱合理，如此又何必勉強孔子成為「生而知之」者？若生而可知者為義理，則天下人皆與孔子一樣，又何必強調孔子是「生知之聖」？

　　其次，孔子有無過失？在談到「昭公知禮乎」這一段時，孔子最後說：「丘也幸，苟有過，人必知之。」（7·31）孔子談到五十學易時，說「可以無大過矣」（7·17）。但是在朱注中，孔子並非如此。在「子疾病，子路請禱」章（7·35），朱注竟說：「聖人未嘗有過，無善可遷。」

　　我們不反對宋朝學者直接以「聖人」之名稱呼孔子，雖然孔子自己說過：「若聖與仁，則吾豈敢！」（7·34）但是，朱注太多誇張之詞，反而使孔子與凡人完全脫節，而凡人亦無從學習孔子。譬如，「飯疏食飲水」章（7·16），朱注說：「聖人之心，渾然天理。」「子溫而厲」章（7·38），朱注說：「聖人全體渾然，陰陽合德，故其中和之氣見於容貌之間者如此。」「子擊磬於衛」章（14·39），朱注說：「聖人心同天地，視天下猶一家，中國猶一人。」「陳子禽謂子貢」章（19·25），朱注說：「程子曰：此聖人之神化上下，與天地同流者也。」

　　由此看來，朱注所描繪的孔子大概不是我們學得成的。事實上呢？孔子的偉大不在於他是「生知安行」的聖人，而正在於他的好學與上進。他承認自己「少也賤，故多能鄙事。」（9·6）他認為自己在「忠信」方面或許與某些人類似，但別人「不如丘之好學也」（5·27）。他直接說明了自己的憂慮是：「德之不修，學之不講，聞義不能徙，不善不能改。」（7·3）我們總不能把孔子這些話都解釋為勉勵別人的吧！

　　要了解孔子，最好參考孟子的說法，他說：「堯舜與人

同耳」,他也認同「人皆可以為堯舜」。孔子做為聖人「當
然」是後天修養成的,他立說的目的也自然是期許人人都能
像他一般,成為君子,進而成為聖人。

51　朱注所肯定的孔門弟子

　　《論語》書中提及的孔門弟子約四十位，其中出現頻率
最高的十名依序是：子路、子貢、顏回、子夏、子張、冉有、
曾參、子游、冉雍、樊遲。其他較為知名的還有閔子騫、宰
我、公西華與有若。

　　這些孔門弟子向孔子求學問道，留下珍貴的資料，形成
儒家優良的教育示範，值得後人感激與取法。朱熹在注解
《論語》時，推尊孔子為「生知安行」的聖人，但是對孔門
弟子則有所肯定也有所批評。本文先談肯定的部分。

　　眾所周知，孔門首席弟子是顏回，他是德行科的第一
名，也是孔子認可的唯一好學者。朱注認為顏回最接近孔子
的境界。如「顏子於聖人未達一間者也」（6‧7）；「如顏
子地位，豈有不善」（6‧3）；「顏子深潛純粹，其於聖人
體段已具」（2‧9）。孔子曾對顏回說：「用之則行，舍之
則藏，惟我與爾有是夫。」（7‧11）孔子本人曾宣稱只有
顏回與自己可以做到這樣的操守，所以後人再怎麼推崇顏回
都不會離譜。

　　另外，列名於德行科的還有閔子騫、冉伯牛、冉雍（仲
弓），這三人也同樣受到肯定。朱注較為特別之處，是毫無
保留地肯定曾參。他還用過「顏、曾以下諸子」一詞，見諸
「賜也，女以予為多學而識之者與」章（15‧3）。朱熹在
此引述「尹氏曰：子貢終亦不能如曾子之唯也。」意即曾參

超過了子貢。更明顯的還有：「尹氏曰：諸子之學皆出於聖人，其後愈遠而愈失其真。獨曾子之學專用心於內，故傳之無弊。」（1‧4）換言之，朱注認為，曾子的德行僅次於顏回，而其學術成就則為孔門第一。

曾參最受矚目之處，是在〈里仁〉「子曰：參乎！吾道一以貫之」這一章（4‧15）。朱注說：「聖人之心渾然一理而泛應曲當，用各不同。曾子於其用處蓋已隨事精察而力行之，但未知其體之一爾。夫子知其真積力久將有所得，是以呼而告之，曾子果能默識其指，即應之速而無疑也。」他還引述「程子曰：……吾道一以貫之，唯曾子為能達此。」

果真如此嗎？〈先進〉有「柴也愚，參也魯，師也辟，由也喭」（11‧18）之說。朱注對「愚、辟、喭」分別解為：知不足而厚有餘，習於容止少誠實，粗俗。但是對曾參之「魯」，則先說那是「魯鈍」，隨後立即引述「程子曰：曾子之學誠篤而已。聖門學者聰明才辯不為不多，而卒傳其道乃質魯之人爾，故學以誠實為貴也。尹氏曰：曾子之才魯，故其學也確，所以深造乎道也。」這樣的注解實在太偏愛曾參了。

〈先進〉有「德行、言語、政事、文學」四科及十哲之說（11‧3），但其中無曾參之名。朱注引「程子曰：曾子傳道而不與焉，故知十哲世俗論也。」這是世俗之論嗎？事實上，曾參小孔子四十六歲，天性又魯鈍，而本文開頭所列的十四人中有九人在十哲之列，而只有曾參、有若、子張、樊遲、公西華五人不在榜上，這能說是世俗之論嗎？

　　或許是出於崇拜曾參的心理，朱注對其父曾皙也大加肯定。曾皙（曾點）只出現一次，即在〈先進〉的自述其志（11・26）。朱注盛讚其「胸次悠然，直與天地萬物上下同流」云云。程樹德《論語集釋》認為朱熹對曾皙的讚嘆無異於「癡人說夢」。這種批評也許過重，但朱熹出於一廂情願而臧否孔門弟子，則已不辯自明。

52　朱注所批評的孔門弟子

依《論語》所載，孔子對學生的不當言行，有幾次明白的告誡。如冉有為季氏聚斂財富，孔子說要「鳴鼓而攻之」（11‧17）；宰予晝寢，孔子說他「朽木不可雕也」（5‧9）；樊遲曾被說成「小人哉」（13‧4）；子夏也被提醒，「毋為小人儒」（6‧13）；子路與孔子最親近，受到耳提面命的機會更多，如「野哉」（13‧3），「詐也」（9‧12），「佞者」（11‧25）等。

孔子因材施教，作育英才；弟子誠心向學，改過遷善。這些都是我們學習的榜樣。然而，朱注處理這一類資料時，卻採取「對症下藥」的觀點，就是從弟子的提問與孔子的回答中找出弟子的缺點，然後加以批評。朱注經常引述幾位宋朝學者的說法，由此而可知當時的學風。孔門弟子中受到朱注最多批評的，除了孔子親自論斷的冉有與宰予之外，還有樊遲、子張、子夏、子路等人。本文以樊遲與子張為例說明。

樊遲請教「崇德，修慝，辨惑」（12‧21），結果被朱熹說成「粗鄙近利，故告之以此三者，皆所以救其失也。」他「請學稼」（13‧4），朱注引述「楊氏曰：樊遲遊聖人之門而問稼，志則陋矣。」

子張問政（12‧14），孔子的答語有「居之無倦」，朱注就引述「程子曰：子張少仁無誠心，愛民則必倦而不盡心，故告之以此。」子張請教士之「達」（12‧20），朱

注引述「尹氏曰：子張之學，病在乎不務實……當時門人親受聖人之教，而差失有如此者，況後世乎！」朱注在此更引述程子的話來教訓當時所有的學者：「學者須是務實，不要近名。有意近名，大本已失，更學何事，為名而學則是偽也。今之學者大抵為名，為名為利雖清濁不同，然其利心則一也。」這話擲地有聲，但卻委屈了勤學好問的子張。

　　明末王夫之《讀四書大全說》對朱注的這種批評難以苟同。他說：「《論語》一書，先儒每有藥病之說，愚盡謂不然。……又有甚者，聖門後進諸賢自曾子外，其沉潛篤實切問近思者莫如樊遲，迹其踐履當在冉、閔之間。夫子所樂與造就者亦莫遲若，乃謂其粗鄙近利……，又致古人之惡而屈聖言以從之，非愚之所敢與聞也。」對樊遲而言，這真是否極泰來。清朝毛奇齡在《四書改錯》也打抱不平，他說：「聖門樊遲亦由、賜後一人，乃才一啓口，非受謾罵，即被譏訕。而究其罵之訕之也，仍自坐不能解經，厚誣聖賢。」

　　上引二書資料皆見程樹德《論語集釋》。程樹德對朱注引述極多程子之語似乎忍無可忍，他說：「程氏對於先賢，吹毛求疵至此，殊屬有傷忠厚。毛氏〔毛奇齡〕喪盡天良之詈，非無因也。」（程書，中華書局版，頁884）。

　　至於子張問「達」的部分，程樹德說：「吾人生千載後，書經秦火。三代之事若存若亡，況對於孔門弟子，豈可任意軒輊乎？康南海《論語注》極為子張張目，而以南宋之積弱不振，歸咎於朱子之偏信曾子。所謂彼亦一是非，此亦一是

非也。」（程書，頁 870）

　　我們認為，孔門弟子來自民間，有幸親炙孔子，得到孔子循循善誘，各依其才性修養而走上人生正途。我們與其妄加評斷，不如認真學習，「三人行，必有我師焉」（7‧22），孔子之言誠非虛語。

第二輯　《孟子》部分

1 「為長者折枝」辨

孟子周遊列國時，在齊國受到禮遇。齊宣王較為年輕，很想有一番作為。孟子多次與宣王對話，總是想辦法讓宣王明白推行仁政可以稱王天下的道理。

《孟子·梁惠王上》有一段資料，談到齊宣王「見牛未見羊」的事。孟子認為宣王既有不忍之心，如果推而廣之，應用於百姓身上，就可以稱王天下了。他說：「故王之不王，不為也，非不能也。」接著，宣王請他分辨不為與不能。

「不能」是指超出能力之外，不可能做到的事。孟子用的比喻是「挾太山以超北海」。這種比喻聽起來像是神話，對人而言純屬做夢或幻想。「不為」是指有能力做而不去做，孟子用的比喻是「為長者折枝」。大王沒有稱王天下「是折枝之類也」。

朱熹的注解說：「為長者折枝，以長者之命，折草木之枝，言不難也。」

問題是：長者為何要我折草木之枝？平常在室內生活，要去何處折枝？所折之枝又有何用？

談到對待長者，孟子強調孝弟的弟（悌）。他在〈梁惠王上〉說，「申之以孝悌之義，頒白者不負戴於道路矣。」意即，反覆講述孝親敬長的道理，那麼頭髮花白的人就不會背著及頂著重物在路上行走了。何以如此？因為年輕人會因為敬老而伸出援手。這句話在同一篇稍後又出現了一次。另

外，〈告子下〉說：「徐行後長者，謂之弟。……徐行者，是人所不能哉？所不為也。」在此，他又談到不能與不為的分辨。

由此可見，孟子談到「不為」時，常以「悌」為例，說明尊重長者是人人都做得到的。在他的舉例中，為長者負戴重物以及徐行後長者，都很明確，並且也都涉及勞動手腳；那麼「為長者折枝」又是何意？

原來在古語的使用中，「肢」與「枝」通用。如《莊子·達生》「梓慶削木為鐻，鐻成，見者驚猶鬼神」，他的修練方法是「必齊〔齋〕以靜心」。守齊七日後，「輒然忘吾有四枝形體也。」針對此語，成玄英疏說：「百體四肢，一時忘遣。」成氏就以「枝」為「肢」。王叔岷《莊子校詮》引述相關資料，然後說：「支、枝，並肢之借字，其例習見。」

因此，孟子所謂的「折枝」，是指「折肢」，亦即彎曲四肢或勞動手腳。這種折肢自然包括為長者「負戴」，以及在長者之後「徐行」了。這一類的作為有誰做不到呢？並且不論在室內或室外，也不論四周有無草木之枝，任何人隨時隨地只要見到長者需要幫忙或者正在走路，都可以曲折四肢勞動手腳，由此表現敬重長者，做到「悌」的要求。以此來說明這是「不為也，非不能也」，不是十分恰當嗎？

齊宣王能否由此領悟稱王天下是多麼容易的事，我們不得而知。因為畢竟他最後並未聽從孟子的仁政建議，也在事實上沒有稱王天下。《孟子》一書敘事清楚，理路明白，在注解時不會有什麼太大的困難。

2 「情」字的用法

孟子所謂的「情」是指「實情」，亦即真實狀況。在《孟子》書中，「情」字四見，先說前三次。他說：「夫物之不齊，物之情也。」（〈滕文公上〉）物品有好有壞，那是物品的真實狀況。其次，他說：「聲聞過情，君子恥之。」（〈離婁下〉）朱注在此說：「情，實也。」然後，他也說過：「人見其禽獸也……是豈人之情也哉！」（〈告子上〉）意即那難道是人的真實狀況嗎？

換言之，「情」字在孟子口中不是指情緒或情感，因而與我們常說的「心情」無關。至於「性情」一詞則值得討論。「性」是天生所具的本性，而「情」是真實狀況，因此「性情」二字可以合用。譬如，孟子在〈告子上〉使用「牛山之木」為喻，指出人們見到牛山濯濯，「以為未嘗有材焉，此豈山之性也哉！」接著他的焦點轉向人，說：「是豈人之情也哉！」由此可知性是內在本性，情是真實狀況，兩者分別由內在與外在來界定同一物。

我們依此再探討孟子談「性善」的重要段落，亦即「情」字的最後一見。〈告子上〉當學生請教有關「性善」的問題時，孟子立即回答：「乃若其情，則可以為善矣，乃所謂善也。若夫為不善，非才之罪也。……」有關「善」的議題，必須另外討論。這兒要看的是：「乃若其情」究竟何義？

朱熹注說：「乃若，發語辭，情者，性之動也。人之情

本但可以為善而不可以為惡，則性之本善可知矣。」

「情者，性之動也」一語，是朱熹個人的看法。孟子的「情」字只是用以描述某物的真實狀況；如果談到「性之動」，就表示那是「性」的運作狀態，已經涉及主觀的情感反應了。再看「乃若」一詞，若視之為發語詞，意指「至於」，則「乃若其情」所說的是「至於人的真實狀況」。

另一種理解是以「乃」為轉語詞，以「若」為「順」，所說的是「順著人的真實狀況」。是「至於」還是「順著」更合乎孟子的想法？語文專家可能主張「乃若」為發語詞，所以根本不必討論。即使如此，孟子接著說「則可以為善矣」，也不表示那是朱熹所謂的「本但」可以為善，更談不上支持他論斷的「則性之本善可知矣」。

那麼，以「若」為「順」是否合理？〈萬章上〉談到舜的孝順盡心盡力，最後使其父瞽瞍「亦允若」。朱注說：「允，信也；若，順也。……瞽瞍亦信而順之也。」朱熹在此說的「信而順之也」，表示這個「若」是指「順從了舜的孝心」。既然如此詮釋，那麼「乃若其情」不是可以理解為「順著人的真實狀況」嗎？

其次，更重要的是：孟子在〈告子上〉探討人性的各章皆一再談及「順」的觀念。如他在回答告子「性猶杞柳」的質疑時，說：「子能順杞柳之性而以為桮棬乎？……」他在回答告子「性猶湍水」，說：「人性之善也，猶水之就下也……」水順其本性會向下流。這些說法都明白表達了「順」的觀念。

　　上述理解的關鍵依然是「情」字的用法。「情」字指「實」，在古代是常見的，如《莊子‧駢拇》一再使用「性命之情」一詞，意指「性命的真實狀況」。若要談人的「情感」，則可另用「喜怒哀樂」等字來表達。像「好惡之情」、「有情無情」等詞在《孟子》書中不曾用到。

3 「才」字的用法

在孟子筆下，「情」指真實狀況，是中性的描述，不涉及情感反應。在人的真實狀況中，會顯示某些基本的能力，孟子用「才」字描寫這樣的能力。因此，「情」與「才」多次並用，兼顧人的實況與能力。

〈告子上〉有兩段話最為明顯。

一是「乃若其情，則可以為善矣，乃所謂善也。若夫為不善，非才之罪也。」

二是「人見其禽獸也，而以為未嘗有才焉者，是豈人之情也哉！」

朱注第一段話時說：「才猶材質，人之能也。人有是性，則有是才，性既善則才亦善。今人之不善乃物欲陷溺而然，非其才之罪也。」對第二段話，朱注沒有說明。如果兩段話合併來看，可知：人的「真實狀況」是與生具有「行善的能力」，而不是生來即是禽獸。但是，人具有行善的能力，為何會「為不善」（做出不善的事）？針對這個問題，孟子在〈告子上〉也有兩段解釋：

一是「故曰求則得之，舍則失之，或相倍蓰而無算者，不能盡其才者也。」

二是「富歲子弟多賴，凶歲子弟多暴，非天之降才爾殊也。其所以陷溺其心者然也。」

朱熹對第一段話說：「言四者之心，人所固有，但人自

不思而求之耳，所以善惡相去之遠，由不思不求而不思擴充以盡其才也。」有關「四者之心，人所固有」一語，有待另文討論。孟子這兒所說的「不能盡其才」一語才是關鍵。人生來即有「行善的能力」，「盡」字表示要「完全實現」這樣的能力。由此可知，這種能力本身不是「善的」，而把能力實現出來，才是善的行為。

為何有能力而無法實現？這即是第二段話所說的「其所以陷溺其心者」。既然如此，則「才」與「心」的關係又如何？孟子在此說「盡其才」，他在〈盡心上〉一開頭就說「盡其心」。然後，他說「養心莫善於寡欲」〈盡心下〉，他在本文開始的引文（二），講完「而以為未嘗有才焉者」之後，接著說「故苟得其養，無物不長，苟失其養，無物不消」，表示「才」也需要「養」。

「才」與「心」，同樣需要人去「盡」去「養」，這兩者的關係必然十分密切。另有一句話更特別，就是「形色，天性也，惟聖人然後可以踐形。」（〈盡心上〉）「形色」是由外表來觀察的，亦即長得人模人樣，這是天生的條件（天性），但是為何說只有聖人能夠「踐形」？「踐形」是把人的形色所具有的能力「完全實現」出來。這又是在說什麼？

至此我們可以先簡單勾勒孟子的人性觀點如下：

（一）人有人性，這是天生的內在本性，由外表看不清楚它是怎麼回事。

（二）由外表看人，所見的是「情」（真實狀況）以及

由它所顯示的「才」（能力）。既然是由外表看，所見到的正是「形色」。人如果盡其才而踐其形色，就可以成為聖人。

（三）人性不只具備外在的形色與才，還有內在的「心」。「心」是孟子人性論的核心概念，還須仔細研究。

4　「體」字的用法

　　孟子如何看待人的生命？就其真實狀況而言，他使用「情」字；就其可以發展的能力而言，則使用「才」字。由於他主張人對於「才」要盡要養，同時對於「心」也要盡要養；所以就須接著思考；才與心的關係如何？

　　專就「才」與「心」來說，不足以闡明這個問題，因為相關用法的「才」字只有四見。這一點我在討論「才」字時已作了剖析，不再贅述。簡而言之，「才」是就人的整個生命的能力而言，由外表看來即是「形色」，所以孟子才會有聖人「踐形」之說。由「形色」自然引向「體」的概念。孟子分別使用「身」與「體」二字，意義頗有不同。孟子的「體」字專指由外表可見的人的軀體，再由此引申出其他用法。

　　首先，「體」是指軀體。在〈梁惠王上〉孟子向齊宣王進言，談到宣王的欲望時，他以「體」字與「口、目、耳」並舉，說「輕煖不足於體與？」在〈盡心下〉孟子談到人有某些本性的需求時，說到「口、目、耳、鼻、四肢」。因此，「體」是指頭部感官以外的軀體部分。他在〈盡心下〉談到曾參孝順曾皙時，使用「養口體」與「養志」二詞。從「養口體」一詞看來，可知「體」確實是指這樣的軀體。這樣的軀體明顯以四肢為其組成部分，所以他多次使用「四體」一詞。這個詞由來已久，在《論語‧微子》就有「四體不勤」

的說法。孟子在描寫君子實踐仁義禮智時，說：「其生色也，睟然見於面，盎於背，施於四體，四體不言而喻。」（〈盡心下〉）這樣的「體」是狹義的。

其次，廣義的「體」包括人的整個生命，如耳、目、口、鼻當然在內，同時還有由外表所看不到的「心」的部分。於是孟子提出他著名的「大體、小體」之說。

他在〈告子上〉說：「體有貴賤，有小大。無以小害大，無以賤害貴。」「體」之大者貴者是「心」，「體」之小者賤者是軀體，如耳目口腹與四肢等。這樣的「體」無異於人的整個生命了。既然是生命，就需要滋養使其不斷成長及發展，所以對大體與小體都要養，由此可以分辨大人與小人。

他在同一章接著說：「從其大體為大人，從其小體為小人。」這句話是必要的補充，因為光說「養」字不足以顯示人的主體選擇能力。加上「從」字，可知大體與小體各有自己的要求。不過這兩種要求並不均等。小體的要求即是生物的本能欲望，不必學習也會去做的；而大體的要求則需經由教育才可明白。所以孟子才會說「飽食、煖衣，逸居而無教，則近於禽獸。」（〈滕文公上〉）在此，「飽食、煖衣、逸居」即是養其小體與從其小體。

問題是：小體的要求為何不好？孟子以耳目為例，他說：「耳目之官不思而蔽於物，物交物則引之而已矣。」（〈告子上〉）人的小體沒有反思能力，只能順從外物的引誘，表現生物式的本性，而結果則將淪為像禽獸一般只求爭利，完全無法展示人的特殊尊嚴與價值。

　　為了進一步了解「體」的意義，還須釐清兩個概念，一是作為大體的「心」，二是作為體的內含的「氣」。

5 「氣」字的用法

孟子區分「大體」與「小體」之後，「氣」字所指的是哪一個？如果不加思索，很可能會以氣為小體，亦即由外表所見的軀體。在《論語・季氏》中，孔子說「君子有三戒」時，已經表明人生的考驗全在「血氣」的偏頗運作。「血氣」顯然是指小體而言，那麼「氣」呢？

當孟子遠遠望見齊王之子時，不禁喟然而嘆說：「居移氣，養移體。」（〈盡心下〉）因為王子的居處飲食十分優渥，遠非常人所及，所以他的體貌表面看來相當可觀。這兒所謂的「氣」與「體」，也顯然是指軀體而言。軀體可移可養，這是常識。氣與體並舉，實是因為孟子認為「氣，體之充也。」（〈公孫丑上〉）人的軀體的內含，亦即充滿在軀體裡的，正是氣。這時再回顧「大體、小體」之說，就可以詢問：難道人的「心」（大體）也有氣的成分嗎？

答案應該是肯定的，否則孟子如何談論「浩然之氣」？當學生請教孟子有何過人之處時，他的回答是：「我知言，我善養吾浩然之氣。」有關「浩然之氣」，連孟子這樣的一流口才都承認「難言也」，因為它涉及經驗與覺悟，不是言語可以說清楚的。

果然，孟子的解釋依然是像他處理「體」字一般。既然「體」可以分為大小兩種，那麼由「氣」也可以再分出一個主導它的力量，亦即「心」。心是負責理解的，氣是負責行

動的。若是未能理解而訴諸行動，那是連告子也不會犯的錯誤。告子做到了「不得於心，勿求於氣」。但是，告子的問題在於只見兩者之區分，未見兩者之配合。

孟子以一句話概括兩者的關係，他說：「志，氣之帥也；氣，體之充也。」有形可見的軀體所充滿的是氣，既然講「體之充」，就表示那無形可見並且為氣之帥的「志」也在「體」之內。「志」是心思所選擇的目標。心思選定了目標，就可帶領「氣」向著目標去行動。

所謂「浩然之氣」的修練，有三個條件：一是「以直養而無害」，二是「配義與道」，三是「行有不慊於心則餒矣」。這三者其實都可以歸結為「心」的發用。依朱注，直是「自反而縮」，義是「人心之裁制」，道是「天理之自然」。說得簡單些，直是「真誠而正直」，義是「正當的言行」，道是「客觀的規範」，這三點皆可以「慊於心」，亦即滿足心之要求。這樣的修練是由內而發，長期堅持的，亦即「集義所生」，水到渠成才可成就「浩然之氣」。孟子自認為練成了這樣的氣，所以他的言行展現「至大至剛」的力量，並且「充塞於天地之間」。

綜觀孟子所言，他說過「聖人復起，不易吾言」（《孟子‧滕文公下》），「有王者起，必來取法」（《孟子‧滕文公上》），「聖人復起，必從吾言」（《孟子‧公孫丑上》）。這不是至大至剛的氣魄嗎？他也相信自己在天下任何地方都有「廣居、正位、大道」，這不是「充塞於天地之間」嗎？

我們學習孟子，不能忽略「持其志，無暴其氣」（〈公

孫丑上〉）這句話，因為志與氣會互相影響。志是心之所之，不能持志則氣失其統帥，後果不堪設想。孟子也用「平旦之氣」或「夜氣」（〈告子上〉）描寫人的「心」在清晨較為單純的狀況，但是若不認真修練，依然無濟於事。

6 「身」字的用法

現在常用的「身體」一詞，是指由外表所見的人之「形色」，或孟子筆下的「小體」（軀體）。但是在《孟子》書中，「身」與「體」並不連用。以兩者的區別來說，「體」側重人的「結構」或組成部分，所以常與耳目口鼻並用，或直接使用「四體」（四肢）一詞。這樣的體也需要「養」，但不可顧小體而忘大體。若是養其大體（心），即是培養浩然之氣，終將成為大人。

至於「身」字，則側重人的「發展」或生命歷程。首先，「身」字的表面意思是指自身或本人，如〈梁惠王上〉出現的「何以利吾身」與「及寡人之身」等。在此，「家之本在身」（〈離婁上〉）一語最為關鍵，因為孟子由天下回溯到國，再回溯到家，然後止於「身」字，可見這個「身」是指每一個人自身，並且具有主動抉擇的能力與責任。

其次，由於「身」字的重點不在人的生命「結構」，而在其「發展」，所以衍生出「終身」一詞。孟子喜歡使用「終身」一詞，用以強調他的觀點，亦即人往往一輩子走在固定的路途上。譬如，不立志行仁，「終身憂辱」（〈離婁上〉）；若是真正孝順，則「終身慕父母」（〈萬章上〉）。當然，「終身」也可用以描述一種當下安穩的心態，而不必然表示真要一輩子如此，如孟子推崇舜，說他年輕時在田裡吃乾糧，啃野菜，「若將終身焉」（〈盡心下〉）；後來當了天子，有

了富貴榮華，同樣顯得「若固有之」。舜是孟子最肯定的聖人，他的表現不是我們平凡人所能想像的。

不過，孟子關於「身」字的用法，最常見的並非前面兩種（自身與終身），而是在前兩者的基礎上「進行修養功夫」。譬如，他說：「守孰為大？守身為大。……守身，守之本也。」（〈離婁上〉）相對於此，則有「失身」一詞。這樣的「身」字顯然是指某種原則與操守，而不是指其軀體。聖人的行為或有不同，但總結為「歸潔其身而已矣」（〈萬章上〉）。我們今日使用的成語還有「守身如玉」與「潔身自愛」，都屬於人的修養範圍。

談到修養，孟子提醒我們要「誠身」與「反身」。這二詞值得深究，因為它表明的是：在自身就有修養的原則。誠身是真誠面對自己，反身是回到自己身上。前一段引文有聖人「歸潔其身」的「歸」字，也是指回到自身。而孟子勸阻曹交受業時說：「夫道若大路然，豈難知哉？人病不求耳。子歸而求之，有餘師。」（〈告子下〉）這兒也使用「歸」字，只要回到自身去找，老師多得很呢。

這段引文也提及「道」字，表示在人自身亦有道的契機，依此修養則是「修身」。孟子說：「古之人……修身見於世」；又說「修身以俟之，所以立命也。」（〈盡心上〉）「修身」一詞自此成為儒家的重要觀念，如《大學》所云：「自天子以至於庶人，壹是皆以修身為本。」

問題是：「身」與「道」之間的關係如何？最明確的說法是：「天下有道，以道殉身；天下無道，以身殉道。」（〈盡

心下〉)原來人的一生是為了實踐「道」的,這完全合乎孟子所說的「舍生取義」(〈告子上〉)。若是追問道義在人「身」上的根據,則答案依然要回到「心」。

7 一般的「心」

在《孟子》書中，「心」字出現超過百次，是所有涉及「人」的理解中最常見的。相對於此，《論語》中的「心」字只有六見。由此可知，從春秋到戰國，人們的自我意識或主觀看法，得到長足的發展。

「心」字的一般用法是指人的意識作用，可以觀察、比較、衡度事理、表達心思與想法。每個人都有這樣的心，它顯然是以自我為主，而與別人未能互通，甚至彼此對立。我們可以簡稱之為「心意」。

譬如，〈梁惠王上〉記載，梁惠王認為自己對於國事「盡心焉耳矣」，他口中的「盡心」當然不是孟子〈盡心上〉所謂的「盡其心者，知其性也」那種「盡心」。同樣的詞語卻有毫不相干的指涉，這是因為孟子另有一套關於「心」的理論。

對當時的諸侯來說，「心」無異於自己心中所想的欲望，這種欲望是只顧自己而不管別人的。簡單說來，就是想要統一中國、稱霸天下。諸侯如此，底下的大夫與百姓又何嘗不是如此，這正是孟子在〈梁惠王上〉開篇所說的「上下交征利」。這樣的心只是人這種高級生物的官能之一，它的思考作用全依耳目口鼻等「小體」的本能需求而運作，所以顯示為無窮的欲望。試問：若是沒有這樣的心，耳目口鼻又怎麼會逾越分寸而不知收斂？

　　孟子宣稱自己的使命是「正人心，息邪說」（〈滕文公下〉）。從他論斷「天下之言，不歸楊則歸墨」，可見當時的人心全都走偏了。楊朱與墨翟是思想家，還各自提出了一套理論可用以宣傳介紹及吸引民心。在孟子看來，個人心意過於「利己」，還算是小問題，若是人生觀陷於異端的陷阱，才是大麻煩。於是他作了迅速而犀利的推論：「楊氏為我，是無君也；墨氏兼愛，是無父也。無父無君，是禽獸也。」（〈滕文公下〉）

　　朱熹注解此語時，引用程頤的話，其內容牽連甚廣，注謂「程子曰：楊墨之害甚於申韓，佛氏之害甚於楊墨。蓋楊氏為我，疑於義；墨氏兼愛，疑於仁。申韓則淺陋易見，故孟子止闢楊墨，為其惑世之甚也。佛氏之言近理，又非楊墨之比，所以為害尤甚。」

　　這樣的注解有些誇張，因為孟子之時尚未有申不害與韓非等人的學說，至於在北宋程頤與南宋朱熹時代頗有影響力的佛教，則更是千年之後流行的思想，現在經由朱注而讓人以為孟子也會採取這種排斥的立場，實在未必恰當。

　　孟子知道思想的力量很大，所謂「生於其心，害於其政」（〈公孫丑上〉）以及「作於其心，害於其事」（〈滕文公下〉）。這樣的心可能「放」（失去），也可能「陷溺」。如果這是心的全部真相，人類還有什麼希望？

　　因此，孟子談到「體」概念時，要區分「小體」與「大體」。大體即是心，但是談到「心」時，顯然也要作個區分。在此，他的區分不是某種靜態的二分法，而是以動態的抉擇

來表示。心若是被動的，無法自覺及自主的，那麼就無異於小體的官能之一，會走向「養其小體」的路徑。真正有資格作為大體的心，顯然應有不同的面貌。

8 「心」的正確作用

　　孟子的「心」字有兩種用法：一是指一般人的意識作用，它往往配合小體的需求而顯示具體的欲望；這種心只會造成我與別人的區分與對立。二是指本心，表現大體的功能；這種心打通人我隔閡，就是「舉斯心加諸彼而已」（〈梁惠王上〉），可以做到推己及人的「恕道」。那麼，孟子如何談論這樣的心？

　　首先，這種心在人我互動的情況下最容易出現。古代帝王推行仁政，是因為有「不忍人之心」（〈公孫丑上〉）。齊宣王「見牛未見羊」，孟子肯定他，說「是心足以王矣」，但孟子要他繼續推擴到百姓身上（〈梁惠王上〉）。因此，人只要見別人受苦而覺得不忍，這種心就開始發揮作用了。最明確的說法是他的「心之四端」之說。孟子的四端是指：惻隱之心、羞惡之心、辭讓（恭敬）之心、是非之心（〈公孫丑上〉、〈告子上〉）。在列出這四端之前，他舉的例子是「今人乍見孺子將入於井，皆有怵惕惻隱之心」。「乍見孺子」處於險境，使我暫時抽離人我對立的狀態，引發本心的不忍。惻隱之心是如此彰顯的，羞惡、辭讓、是非之心亦然。

　　其次，心之四端需要「存養充擴」。這裡面臨了詮釋上的大問題。孟子明明說：「惻隱之心，仁之端也；羞惡之心，義之端也；辭讓之心，禮之端也；是非之心，智之端也。」

（〈公孫丑上〉）這表示由這四端可以進而實踐「仁義禮智」這四種善。人所有的只是四端，正如孟子接著說的：「人之有是四端也，猶其有四體也。」四端使人可以做到「四善」，就像四體使人可以進行各種活動。但是，朱熹怎麼注解這一大段話呢？

朱注說：「惻隱、羞惡、辭讓、是非，情也。仁、義、禮、智，性也。……端，緒也，因其情之發，而性之本然可得而見，猶有物在中而緒見於外也。」

朱注顯然本末倒置或倒果為因。孟子在此並未提及「情」字，因為他筆下的「情」是指「實況」。即使遷就後人對「情」字的用法，以情為情緒或情感，孟子所表達的也是：這些情要「擴而充之」，才可具體實踐四善，然後說：「苟能充之，足以保四海；苟不充之，不足以事父母。」這種說法是「由內向外」去擴充，又怎麼可以理解為「性之本然可得而見」？「性之本然」一詞是朱熹詮釋儒家的基本立場，不妨另文再談。

然後，即使是這種具有四端的本心，也需要認真守住，否則就會「失其本心」（〈告子上〉）。孟子說：「大人者，不失其赤子之心者也。」（〈離婁下〉）也表達同樣的觀點。孟子認為，君子與百姓之別，在於「存心」：「君子以仁存心，以禮存心。」（〈離婁下〉）為何這麼說？因為心只有四端而沒有天生的四善，所以要用四善來引導及匡正四端，使源與流相互印證激盪，更能有恆於行善。

孟子引述孔子所謂：「操則存，舍則亡，出入無時，莫

知其鄉，惟心之謂與！」（〈告子上〉）對此，朱注引用程
頤的話說：「心豈有出入，亦以操舍而言耳。」像這種直接
質疑孔子之說的言論，豈是合適的注解？

　　最後，人何以會有這樣的心？那更是需要深入探討的課
題了。

9　推究心的根源

孟子的「心」概念有多種用法，包括一般人的意識作用，以及具有四端的本心；然後，由於本心可存可亡，我們知道它是動態的，如孔子所謂「操則存，舍則亡」。那麼，這樣的心何去何從？為了回答這個問題，必須推究心的根源。

在進入主題之前，不妨參考朱熹對「心」的注解，他說：「心者，人之神明，所以具眾理而應萬事者也。」（〈盡心下〉）這樣的「心」字對《孟子》全書所使用的一百多個「心」而言，不僅占少數，而且內容也不太相應。這一點在本文的討論中將呈現出來。

孟子說明他對「大體、小體」的區分時，以「耳目之官不思而蔽於物」一語描寫小體何以容易陷入困境。接著談到大體，他說：「心之官則思，思則得之，不思則不得也。此天之所與我者。」（〈告子上〉）

朱注把「耳、目、心」說成「此三者皆天之所以與我者而心為大。」細究原文，孟子認為耳目屬於小體，是生物的軀體部分，嚴格說來也是天的傑作，但因為其他生物也有軀體，所以不必特別論其來源。他所說的「此天之所與我者」，在原文脈絡中應該是專指「心」的功能是「思」而言。否則，耳目注定「不思」，又何必貶稱其為小體？其次，朱注對於「思則得之，不思則不得」，

說：「凡事物之來，心得其職則得其理而物不能蔽；失其職則不得其理而物來蔽之。」然而，心所思而得的是「事物之理」嗎？

孟子多次提醒人不可「弗思」，如「人人有貴於己者，弗思耳矣」；「豈愛身不若桐梓哉？弗思甚也」（〈告子上〉）。他所強調的都是：人要反思及自覺在自己內在就具有某種值得珍惜的價值。這樣才符合前文提及的「歸而求之，有餘師」的說法，因為內心自有其實踐仁義禮智的要求。

簡而言之，心可以思，由此領悟基本的道德規範，然後人的小體聽從心的命令，就可以走上善途或正道。至於這樣的心的來源，則答案很清楚，是天。有關天的問題，另文再談。

心由於天這個共同的來源，使所有的人在道德規範方面產生共識。什麼共識？孟子談到天下人的口、耳、目都有相同的需求時，接著說：「至於心，獨無所同然乎？心之所同然者何也？謂理也，義也。聖人先得我心之所同然耳。故理義之悅我心，猶芻豢之悅我口。」（〈告子上〉）

在《孟子》書中，「義」字常見，指正當的行為，但「理」字較為費解。「理」字四次見於「條理」（〈萬章下〉），指音樂演奏合乎規律。另外即是二見於此，那麼，人心所同然的「理」是什麼？應該是指言論合理而言。觀乎孟子的辯才全表現於「正人心、息邪說」上，可知他認為自己所展示的正是「理」。換言之，人心所同然的是合理的言論（理）

與正當的行為（義）。

　　若以此處所說的「理義」作為「善的言行」，應該是合理的推論。那麼，引文最後一句話指出「理義之悅我心，猶芻豢之悅我口」，正是清楚的比喻，告訴我們：心喜愛理義，但它本身並沒有具備所謂天生的理義。換言之，天所給與人的心是「向善」而不是「本善」的。

10　「天」字的意義

在古代，「天」是一個歷史悠久而含意豐富的字。由人間帝王稱為「天子」，可知天是百姓所相信的最高主宰。《詩經》與《書經》中的天，不僅是主宰者，也是萬物的來源與支撐力量，同時還代表了賞善罰惡的絕對正義。

《孟子》全書引述《詩經》與《書經》之處甚多，其中大都用到「天」字，藉以提醒政治領袖遵行天意、善待百姓。如「天降下民，作之君，作之師」（〈梁惠王下〉），「天視自我民視，天聽自我民聽」（〈萬章上〉）。「天作孽，猶可違；自作孽，不可活」（〈公孫丑上〉）等。

因此，我們看到朱熹的注解說：「天者，理而已矣。」（〈梁惠王上〉）他的注解也一再出現「天理」二字，這是否合乎孟子的用意呢？有趣的是，《孟子》書中，以「天」合成的詞甚多，就是沒有「天理」二字。譬如，「天職、天祿、天爵、天吏、天時、天民、天殃、天命、天道」等。把這些語詞中的「天」字都當成「理」，已經有些怪異難解。如果再把「樂天、畏天、順天、逆天、怨天」中的「天」也當成「理」，好像那是某種客觀的原則，就更說不通了。

綜合以上兩方面的資料，就是古代經典及孟子語詞，可知「天」字的含意確實不單純。現在，重點集中在以下三點：首先，在孟子看來，天依然有其主宰性。他說：「夫天未欲平治天下也。如欲平治天下，當今之世舍我其誰也！」（〈公

孫丑下〉）這是孟子表白他對自身使命的信心，必須嚴肅看待，他顯然是以天為人間萬事的主宰者。同樣的，當他說：「故天將降大任於是人也，必先苦其心志……。」（〈告子下〉）這時的「天」也同樣是個主宰者。

其次，從人的角度看待天，無法得知天意。於是，孟子總結了兩句話：「莫之為而為者，天也；莫之致而至者，命也。」（〈萬章上〉）天與命並舉，猶如《論語‧顏淵》中，子夏轉述的：「死生有命，富貴在天。」不過，孟子顯然不願止於此處。他提出一個特別的命題：「誠者，天之道也；思誠者，人之道也。」（〈離婁上〉）天所運作的原則是「誠」，就是依其自身本然的狀態，沒有什麼變化的花樣。人的生活原則是「思誠」，就是自覺要保存自身本然的狀態。這種思誠，可配合「赤子之心」、「平旦之氣」、「歸而求之」、「反身而誠」等語來理解。亦即，人需要打定主意，真誠對待自己內心本然的要求。像「聖人之於天道」（〈盡心下〉）與「聖人可以踐形」（〈盡心上〉）二語，也建立在同樣的信念上。

最後，〈盡心上〉開頭所說的兩句話十分深刻：「盡其心者，知其性也，知其性則知天矣。」「存其心，養其性，所以事天也。」試問：人為何要知天與事天？「知天」或許可說是在推究人性的普遍性之根源時，自然得到的領悟；但是「事天」則明顯是人要求自己去實踐的某種作為。這種作為不是什麼外在的工程，而是「存其心，養其性」，善待天給人的心與性，保存及養育之即可。這兩句話都在心與天之

間加上一個「性」字，不妨另文再作討論。

　　至少我們可以肯定：孟子的「心」是無法脫離「天」來理解的。像「盡其心」一語，表示心的要求必須充分實現，而「存其心」一語則表示要守住此心並順從其要求。不論怎麼說，心都處於動力狀態，有如「心之四端」所顯示的，準備隨時做到「天之所與我者」的行善命令。

11 「善」字的用法

我們先分析孟子本人如何使用「善」字，再就他所主張的「性善」來談。「善」字在《孟子》書中出現一百多次，做名詞、形容詞、動詞、副詞的都有。我們注意的是做名詞與形容詞用的，其中又以名詞為最根本，因為形容詞是以名詞為標準而成立的。譬如，若未能界定「善」是什麼，又如何判斷什麼是「善政、善教、善言、善士」等？

作為名詞的「善」約有五十處。首先，「善」是一個涵蓋面很大的詞，因而意義顯得空泛。我們先扣緊其具體內容來說。孟子勸導梁惠王施行仁政時說：「壯者以暇日修其孝悌忠信。」（〈梁惠王上〉）；他在弟子質疑學者是否白吃飯時，回答說：「其子弟從之，則孝悌忠信。」（〈盡心上〉）另外，他在描寫「天爵」時說：「仁義忠信，樂善不倦。」（〈告子上〉）「仁義」依然稍嫌寬泛，可稍後再論，但以「孝悌忠信」四字作為「善」的具體內容應無疑問。

那麼，被列為「善」的「孝悌忠信」有何特色？孝是我與父母之間的適當關係，悌是我與兄弟姊妹之間的適當關係，忠是我與國君或長官之間的適當關係，信是我與朋友之間的適當關係。這四個字正好是五倫中的四倫。孟子當然強調五倫，他在〈滕文公上〉暢談自己的儒家立場時，提及：「聖人有憂之，使契為司徒，教以人倫：父子有親，君臣有義，夫婦有別，長幼有序，朋友有信。」「孝悌忠信」與此

合而觀之,可知孟子心目中的「善」字所指的是:人與人之間適當關係之實現。

孟子身為哲學家,使用更精確的概念來表達,所以會對「仁義禮智」四者加以論述,孟子說:「仁之於父子也,義之於君臣也,禮之於賓主也,智之於賢者也。」(〈盡心下〉)這四句話中,前三句都清楚,而第四句的「賢者」在朱注中說是「賢否」。若以朱注為是,則「智」與前三者一樣,也是描寫兩人之間的適當關係。就算依原文「賢者」來看,亦可說是賢者與賢者之間的適當關係為「智」。既然「善」的具體內含都是「人與人之間的適當關係之實現」,那麼善當然必須是指具體的行為了。

果然,孟子以「善」為名詞時,毫無例外地都是以它為某種「行為」。他最常見的用法是在「善」字前加一個「為」字,亦即以「為善」為「做到善事」。這樣的例子太多了,如「苟為善,後世子孫必有王者矣」(〈梁惠王下〉);「君如彼何哉?彊為善而已矣」(〈梁惠王下〉);「樂取於人以為善」(〈公孫丑上〉);「王足用為善」(〈公孫丑下〉);「孳孳為善者,舜之徒也」(盡心下)等。此外,他也說:「然後驅而之善」(〈梁惠王上〉);「教人以善謂之忠」(〈滕文公上〉);「陳善閉邪謂之敬」(〈離婁上〉);「父子之間不責善」(〈離婁上〉);「不明乎善,不誠其身矣」(〈離婁上〉)等。

綜上所述,可知孟子的「善」概念很清楚,必定落於「人與人之間的適當關係」來說。此關係若不適當,則是不善或

惡。此關係未能實現，也是不善或惡。善與不善之間沒有模糊空間。這樣的善必須以實現、實踐、做成為基本要求，亦即沒有做到的就不是善。善是明確的行為。

若善是指善行，那麼，孟子說的「性善」又是何意？既然善是行為，則「性善」一詞當然不是指「性本善」了。這一點是接著要探討的題材。

12 「性善」的意思

《孟子》書中「性善」一詞出現兩次。一次是〈滕文公上〉描寫文公拜訪孟子之事，並總結說：「孟子道性善，言必稱堯舜。」另一次是〈告子上〉公都子收集三種有關人性的說法，進而請教孟子說：「今曰性善，然則彼皆非與？」

既然探討孟子思想，當然要以孟子本人對性與善二字的用法為依據，來說明「性善」的意思。我們已經剖析了孟子的「善」概念，知道在他筆下，「善」是指「行為」而言，並且這種行為必定是指「人與人之間適當關係之實現」。接著，「性」是指一物生來所具有的本性。但是，以人為例，人生來所具有的本性中「如何可能」包含某些具體的善行呢？因此，討論「性善」一詞時，重點不在於說明「性是善的」，而在於說明「性」與「善」之間有何種先天及後天的關聯。

現在，針對兩次出現的「性善」一詞，前者（「孟子道性善」）並無進一步的解釋，可暫不論，而後者（公都子的請教）就值得深究了。事實上，〈告子上〉前八章，從告子提問「性猶杞柳」開始，到孟子以「牛山之木」為喻引申發揮的內容，都是為了說明「性善」這個命題的。

從先天的角度來看，亦即告子所說的「生之謂性」與「食色性也」，可知人是動物之一，這樣的「性」是人與動物所共有的。孟子顯然不認同「人只是一種動物」的說法，所以

他會強調「人之所以異於禽獸者，幾希」（〈離婁下〉）。
要談人性，必須扣緊這個「幾希」之處。他接著說，「庶民
去之，君子存之」，表示這個「幾希」是可以去與可以存的。
去之即是禽獸，存之即是君子。這種說法符合他引述孔子所
謂的「操則存，舍則亡」，所指的正是「心」，亦即天所與
人的「大體」。如果這樣的心可去可存，它就應該是「動態
的」，這正是「牛山之木」比喻的重點，只要一個人覺悟，
不再「旦旦而伐之」，他的平旦之氣（或心之自覺力量）就
會像萌蘖一樣，又有機會「能夠」長成大樹。

　　其次，從後天的角度來看，〈告子上〉談到「順杞柳之
性」以及「人性之善也，猶水之就下也」。這兩段比喻都聚
焦於下述觀點：在沒有外力干擾或傷害的情況下，順著人性
的要求，就可以做到善。這樣的人性不宜說成「本善」，而
應該說成「向善」，或者說：人性是「能夠」行善的。

　　再談到公都子所請教的何謂「性善」。孟子說得很清楚：
「乃若其情，則可以為善矣，乃所謂善也。若夫為不善，非
才之罪也。」這句話告訴我們：孟子所謂的善，是指：順著
人的真實狀況，就可以做到善。這個「善」是指人所做到的
「善行」而言。他接著說：如果有人「做出不善的行為」，
不是他天生能力有什麼問題。換言之，孟子的善是指善的行
為，因此「性善」是指「人性是可以做到善行的」。此外，
孟子說：「可欲之謂善。」（〈盡心下〉）他所說的是：「心」
之可欲，稱為善。這話無異於「心悅理義」，同樣是以善（理
義）為行為，而性與善之間則以「心」為必要的環節。

　　最後，為了聯繫先天與後天，孟子再度提及「心之四端」。因此我們可以推知：一，人生來即有人性；二，人性應由人與動物之差異來把握；三，這種差異正是人具有作為大體的「心」。四，「心之四端」是聯繫人的「性」與後天的「善」的言行的關鍵。為了說明這樣的性善觀，還須深入了解心之四端。

13 心之四端

　　《孟子》書中有兩處談到「心之四端」。一是在〈公孫丑上〉，他以「乍見孺子將入於井」為例，接著說：

　　「由是觀之，無惻隱之心，非人也；無羞惡之心，非人也；無辭讓之心，非人也；無是非之心，非人也。惻隱之心，仁之端也；羞惡之心，義之端也；辭讓之心，禮之端也；是非之心，智之端也。人之有是四端也，猶其有四體也。」

　　他的意思是：只要是人，就有心之四端，就像有手足四肢一樣。四端「擴而充之」，就可以做到「仁義禮智」。「仁義禮智」即指廣義的「善行」。換言之，作為一個人，他的「心」生來即具有四種「善端」。善端不等於善行，所以不可說心是善的，而只可說心是具備了行善的源頭。至於這個源頭是否能產生動力使人真正行善，則要看此人是否真誠。孟子在講完「誠者，天之道也；思誠者，人之道也」之後，接著說：「至誠而不動者，未之有也；不誠，未有能動者也。」（〈離婁上〉）意即：真誠使人心產生自我要求的力量，會依四端的指示而行善。這樣的觀點可稱為人性向善論。

　　此外，所謂「無惻隱之心，非人也……」，顯示孟子認為天下人皆有「四端」，但未必皆能實踐四善。就算真的有人言行表現沒有四端而成為「非人」，那也不是絕望的狀況，因為他只要「真誠」，四端又將重現生機，就像牛山又有了萌蘖一般。

　　另一處談到四端的地方是〈告子上〉，就在孟子扼要說明他的「性善」之後。他說：「惻隱之心，人皆有之；羞惡之心，人皆有之；恭敬之心，人皆有之；是非之心，人皆有之。」這四句話與前述之「非人也」的說法可以對照互證。接著，他說：「惻隱之心，仁也；羞惡之心，義也；恭敬之心，禮也；是非之心，智也。仁義禮智，非由外鑠我也，我固有之也，弗思耳矣。」

　　這裡說的與〈公孫丑上〉所說的，就有明顯的差別了。要考慮的是：以「惻隱之心，仁之端也」與「惻隱之心，仁也」為例，究竟「仁之端」與「仁」是否完全等同？孟子說話有時會跳過推論步驟，這或許是個例子。但是，我認為：「仁之端」的說法比較合理。如果惻隱之心即等同於「仁」，那麼從「人皆有之」來看，是否人人生來皆已有了「仁義禮智」四善？這樣的理解完全不合《孟子》全書對「善」字的用法。

　　那麼，「惻隱之心，仁也」應如何解釋？古人使用肯定語句時，常常兼指「等於」與「屬於」二義。譬如，說「孔子，聖人也」，並非意味孔子「等於」聖人，而是說孔子「屬於」聖人這個類別。因此，孟子的意思是：惻隱之心「屬於」仁這種善行。這樣就化解了它與「仁之端」之間的矛盾。

　　至於「非由外鑠我也，我固有之也」一語，「由外鑠」與「我固有」兩相對照，亦可肯定後者是指：那是由我內心的源頭所發出的要求。所以在〈告子上〉另有關於「仁義」是「仁內義外」還是「仁義皆內」的討論。爭論的焦點也在

於：仁義是由內而發的還是由外而來的要求？

　　總結以上討論，可知「心之四端」所預設的觀點並非人性本善，而是人性向善。

14 朱熹所理解的孟子人性論

朱熹身為南宋哲學家，在注解《孟子》時使用他自己當時的概念，這是可以理解的。但是這種注解如果背離孟子原意，仍應予以指出。關於孟子的原意是什麼，這是詮釋學上開放的問題。我們只能做到一點，就是檢驗某些基本概念，視其能否合理說明孟子觀點。

譬如，孟子主張「性善」，他是在說「性本善」嗎？依《孟子》全書對「善」字的用法，可知善是人與人之間適當關係之實現，屬於對人的行為之判斷。既然如此，則無法支持「性本善」的說法。我們在此先看看朱熹的詮釋。

在〈離婁下〉「人之所以異於禽獸者幾希」這一章，朱注說：「人物之生，同得天地之理以為性，同得天地之氣以為形。其不同者，獨人於其間得形氣之正，而能有以全其性，為少異耳。」為了說明人與禽獸之別，朱熹認為只有人「得形氣之正」。

這裡要分兩點來說，一是人與禽獸「同得天地之理以為性」。他在注解〈滕文公上〉「孟子道性善」時說：「性者，人所稟於天以生之理也，渾然至善，未嘗有惡。」果真如此，則把他所謂的「人」改為「物」或「禽獸」，不是也說得通嗎？亦即，「性者，禽獸所稟於天以生之理也，渾然至善，未嘗有惡。」如此，則禽獸之性亦為本善。這會是孟子的意思嗎？這是沒有人能合理維護的立場。

　　二是只有人「得形氣之正」，因此異於禽獸。但是得形氣之正有用嗎？他在注解〈告子上〉「詩曰天生蒸民」這一段引文時說：「蓋氣質所稟雖有不善，而不害性之本善。性雖本善，而不可以無省察矯揉之功。」為何人「得形氣之正」，同時卻又「氣質所稟雖有不善」？

　　原來他所謂的「形氣之正」，並不是某種「善」的狀態或氣質，而純粹只是在說這種形氣之正「而能有以全其性」。如此一來，豈不表示人的「性」要靠「形氣」來使之「全」。性是本善的，何以又需要全呢？

　　他在注解〈告子上〉「告子曰，生之謂性」這一章時說：「性者，人之所得於天之理也；生者，人之所得於天之氣也。性，形而上者也；氣，形而下者也。人物之生莫不有是性，亦莫不有是氣。然以氣言之，則知覺運動，人與物若不異也。以理言之，則仁義禮智之稟，豈物之所得而全哉。此人之性所以無不善而為萬物之靈也。」這段注解中清楚肯定了：人與禽獸在「知覺運動」，亦即「氣」的方面，「若不異也」。這種說法與前述所謂「獨人於其間得形氣之正……為少異耳」相對照，試問又要如何自圓其說？

　　總之，依朱熹之說，則必須如此結論：一，禽獸亦有天理，其性亦是本善。二，人異於禽獸之處，在於得形氣之正，但人的形氣（知覺運動）又與禽獸「若不異耳」。三，人性的本善還要靠氣來「全」。不論這個「全」是指補全、滿全或成全，都肯定了這種「本善」不是圓滿的本善。這三點結論是從朱熹的《孟子》注解中推得的。試問：孟子所謂的「性

善」是這樣的意思嗎？

　　朱熹注解的基本信念是：人具備善的本性。但是《孟子》全書的基本信念是：人性是動態的力量，只要真誠就能引發這種力量，要求自己去行善。至於「善」的內含與做法，則要靠教育與政治來配合。

15　惡的來源

　　朱熹主張人性本善，那麼他如何解釋惡的來源呢？綜觀《孟子》全書，其中反映了戰國時代中期的實況，像「邪說暴行」、「率獸食人」之類的事件層出不窮。他還推溯到「孔子成《春秋》，而亂臣賊子懼」（〈滕文公下〉）。至於一般人，如果未受教育則接近禽獸，沒有恆產就無法恆心行善。即使是受過教育的達官顯貴，也大都是爭相求利而助紂為虐，造成各國爭戰，天下大亂。試問：在這樣的環境中，孟子宣稱「性善」，顯然需要認真面對惡的來源的問題。

　　然而，孟子有孟子的解釋，朱熹的注解所提供的則是宋朝學者的解釋。我們先由朱注裡面了解後者。

　　朱熹的做法，首先是把性等同於「天理」。他說：「性者，人生所稟之天理也。」「性即天理，未有不善者也。」（〈告子上〉朱注）那麼，善性為何會有惡行？「人之為不善，乃物欲陷溺而然」。物欲是人對外物的欲望，這種欲望來自人的形氣或氣質（如耳目口鼻）有所偏差，亦即縱其私欲。朱熹使用這種二分法，把人性分為「天理」與「人欲」，然後主張「遏人欲而存天理」（〈梁惠王下〉朱注）。

　　然而，人欲一定不好嗎？耳目口鼻或食色之性「本身」不能說是不好，不然人類如何生存繁衍？使其偏差的關鍵在於「心」。但是，朱熹接受程頤的啟發，肯定「心也，性也，天也，一理也。自理而言謂之天，自稟受而言謂之性，自存

諸人而言謂之心。」（〈盡心上〉朱注）這樣的心自然也是
本善的。那麼，人欲又是如何變壞的？

　　如果回歸《孟子》原文，可知情況實在沒有那麼複雜。
首先，孟子認為人要接受五倫之教，明白善的道理，然後由
真誠而覺悟內心「向善」的力量。這是「不明乎善，不誠其
身矣」（〈離婁上〉）。一般人未受教育而不明乎善，因而
未能真誠；然後與人交往會以「利害」考量，由此損人利己
而做出惡行。儒家重視教育，其故在此。不僅如此，這種教
育還必須是孟子所主張的那一套，因為別的學說可能使心
「茅塞」（〈盡心下〉），甚至，像當時流行的墨家與楊子，
演變成「無父無君是禽獸也」的觀點（〈滕文公下〉）。

　　其次，受了良好教育之後，還需時時警覺。孟子書中多
次提及「弗思耳矣」，就是要人善用「心之官」，以自覺反
思來領悟人格的價值與尊嚴，亦即要有羞恥心，他說：「恥
之於人，大矣。為機變之巧者，無所用恥焉。不恥不若人，
何若人有？」（〈盡心上〉）「指不若人，則知惡之；心不
若人，則不知惡，此之謂不知類也。」（〈告子上〉）他要
人把失去的心找回來，再讓這個心發揮作用，表現「惻隱、
羞惡、辭讓、是非」四種要求，再做到仁義禮智四善。若不
如此，則人生將在惡行中打轉。

　　然後，他在〈告子上〉談到水之性總是向下時說：「今
夫水，搏而躍之，可使過顙；激而行之，可使在山。是豈水
之性也哉？其勢則然也。人之可使為不善，其性亦猶是也。」
意思是：人性在正常狀況下原本會行善，但外在的「勢」使

人做出不善的事。他談到「富歲子弟多賴」時說：「其所以陷溺其心者然也。」亦即外在的環境，如社會是否公平，政治制度是否合理等，都是可能使人為惡的「勢」。

　　因此，孟子本人認為：人的惡行出於不明善、不反思，以及未能抗拒外力的誘惑。這種解釋不是比朱注所說的更合理嗎？

16 何謂「盡心知性知天」?

孟子在〈盡心上〉開頭就說:「盡其心者,知其性也;知其性,則知天矣。」這句話無疑是了解孟子有關「心、性、天」的關鍵語句。

先說「盡心」一詞。這當然不是一般人所謂的「盡心」,如梁惠王自認為對百姓「盡心」,齊宣王也可能「盡心力而為之」(〈梁惠王上〉)。在孟子看來,心有二義:一是意識能力,其作用無異於認識、評估、判斷與計較,經常配合小體的需求而造成錯誤的行為。二是本心,但這個本心可存可失,其特色是發出四端的要求。

因此,「盡心」一詞所預設的是:心有某些要求,要人去充分實現。心的要求即是四端:惻隱、羞惡、辭讓、是非。順此四端而實現的即是善行:仁義禮智,以及其他具體的善(如孝悌忠信)。「盡」字代表「充分實現」,人若是盡心,即是真誠接受心的要求並完全實現了善。這時人會明白:一,人性在於人與禽獸的差異,亦即在於人有這樣的心;二,這樣的心一直發出四端在要求人行善;三,因此,人性是向善的。

每個人所能盡的是自己的心,但是所明白的是人類的共同性。此即孟子所說的「聖人先得我心之所同然」(〈告子上〉),以及「堯舜與人同」(〈離婁下〉),「人皆可以為堯舜」(〈告子下〉)這些語句的根據。人性皆為向善,

所以人人皆有可能成為君子及聖賢。換言之，所謂「盡其心者，知其性也」，可以說是孟子在描述聖人時的心得，也可以說是他自己的人性論的重要內含。

其次，「知其性，則知天矣」一語，所要說明的是：人類具有這樣一種普遍的性，其來源是天。這不只是在字面上為人性找到一個根源，而是要強調：天既然給了人這樣的性，要求人行善，人就必須在一生中做出適當的回應。孟子一再引述《詩經》與《書經》有關「天命」的語句，表示他有傳統的信念做為依據。他心中可能還有一種想法，就是要延續及發揮孔子的「天命觀」。孔子五十而「知天命」，又認為君子應該「畏天命」。對於這樣的天，孟子進一步提及「畏天、樂天」（〈梁惠王下〉），「順天」（〈離婁上〉），以及底下接著要說的「事天」。

孟子講完「盡其心者」一語後，繼續說：「存其心，養其性，所以事天也。」「事天」一語預設了：天對人有所命令，要求人順從及實踐。這個要求體現在天所給人的性之中。孟子由心說性，所以他會肯定心是「天之所與我者」。換言之，天生蒸民，給人的性之中最特殊的是心。人要事天，就須「存心、養性」。存心即是保存其本心，讓自己始終處於真誠之中，使心一直靈敏自覺，不斷發出行善的要求。「養性」表示性自身需要「養」，亦即滋養與修養。孟子以「養」字描寫過「才、氣、性、心」等，如「養心莫善於寡欲」（〈盡心下〉）。

從以上兩段話看來，可知孟子清楚分辨了「心、性、

天」等字，並且指出人生最終要面對的天賦使命，是以行善完成人性。他在這一章最後說：「殀壽不貳，修身以俟之，所以立命也。」人生必有終期，依正確原則修身即是立命。此一使命可以化解及超越人生的命運。儒家的生命精神即在於此。

17　「欲」的問題

　　孟子主張性善，即使我們明白他的意思是「人性向善」，還是值得釐清惡的主要來源，亦即「欲」的問題。

　　首先，「欲」是人生必須面對的事實。人想要活下去，就不可能完全無欲，不可能沒有包括食色的需求，以及耳目口鼻四肢的本能作用，以及世間以「名利」二字概括的一切。這樣的欲「本身」無所謂善惡。

　　朱熹在注解〈梁惠王下〉時說：「蓋鐘鼓苑囿遊觀之樂，與夫好勇好貨好色之心，皆天理之所有而人情之所不能無者。」既然這些欲望出自天理與人情，又有什麼不好？問題在於他接著說：「然天理人欲同行異情，循理而公於天下者，聖人之所以盡其性也；縱欲而私於一己者，眾人之所以滅其天也。……皆所以遏人欲而存天理。」這裡把問題推到「人欲」與「縱其私欲」上。

　　再看朱熹在注解〈離婁上〉「得其心有道，所欲與之聚之」時，引述說：「晁錯所謂人情莫不欲壽……莫不欲富……莫不欲安……莫不欲逸……。」這表示他同意「壽、富、安、逸」是「人情之所欲」。這些都給了百姓，自然能得民心，進而能得天下。那麼，這樣的「欲」有什麼錯？百姓有這種欲，君子還有另外的欲，就是「廣土眾民，君子欲之，所樂不存焉。」（〈盡心上〉）那麼，如何分辨「欲」之為公或為私，或「欲」之好壞？

　　如果回歸孟子本人的想法，則方法很簡單，就是人分為「大體」與「小體」。若只是順從小體（軀體）的需求，「欲」就不好。但是，如果以大體（本心）為主，用以帶領小體，則沒有問題。譬如，他以「魚與熊掌」為例，然後說：「生亦我所欲也，義亦我所欲也；二者不可得兼，舍生而取義者也。」（〈告子上〉）這兒所謂的「生」，正是小體的基本需求；而「義」則是大體的重要需求。兩者都是欲，如何取捨？答案很清楚。譬如，遇到食色與禮之間的取捨（〈告子下〉），則展現了孟子守經達權的智慧，但終究還是要以禮為重。

　　一般人的欲，大都是以小體為主，所以孟子會說：「養心莫善於寡欲。其為人也寡欲，雖有不存焉者寡矣；其為人也多欲，雖有存焉者寡矣。」（〈盡心下〉）意即：若要使心（大體）得到存養，最好的辦法即是減少軀體（小體）所生的欲望。由於孟子的「心」有二義，亦即意識作用與本心，在此所謂的心當然是指其本心或大體而言。

　　釐清這一點，就不會誤解下一段重要的語句了。孟子評論樂正子這個學生時，列舉了人生六層由低而高的境界。他首先說：「可欲之謂善。」（〈盡心下〉）試問：這兒的「可欲」是何意？為何可欲者即可稱為善。答案很明顯：他說的是「心之可欲」。配合「理義之悅我心」（〈告子上〉）來看，這種可欲者即是理義，稱之為「善」不是很恰當嗎？至於為什麼心之可欲者即是善，則答案是：心之四端所要求的正是「仁義禮智」，那不是善嗎？接著孟子說：「有諸己之

謂信。」信者，真也。能在自身實踐了善，就是真正的人。
換言之，人性向善，所以行善的才是真正的人。這不是符合
我們探討《孟子》一書時一貫的立場嗎？後續的「充實之謂
美」云云，亦可依此路線予以詮釋。

　　像這樣的孟子學說實在不是朱熹的「人性本善論」可以
解釋的；不僅無法解釋，他還把孟子思想說得支離瑣碎、自
相矛盾，實在讓人深感遺憾。

第三輯 《大學》部分

1　《大學》的體系

　　《大學》原是《禮記》中的一篇，南宋朱熹抽出此文，為它作了章句注解，列為「四書」之一。四書後來成為元朝以後科舉考試的主要材料，也是大眾必讀的經典。

　　《大學》原文只有一千五百四十六字（依朱熹的統計）。這麼短的文章應該有一個簡單的體系，那麼貫穿這個體系的核心思想是什麼？

　　表面看來，大學有三綱領：明明德，親民，止於至善；也有八條目：格物，致知，誠意，正心，修身，齊家，治國，平天下。其目的是要教導貴族子弟從政所需的知識及修養。原文中還有一句關鍵語，就是「自天子以至於庶人，壹是皆以修身為本」。因此，談《大學》的體系，必須兼顧上述三個要素：三綱領、八條目與修身。

　　在朱熹眼中，三綱領可以分開來談。首先，「明明德」是自己要努力去除人欲所蔽，以「復其初」。其次，他依程頤之見，把「親民」改為「新民」，要革除百姓的「舊染之汙」。然後，再設法止於至善，而他對至善只作了抽象的解釋，亦即「事理當然之極」。問題在於，朱熹接著說：「明明德、新民，皆當止於至善之地而不遷。」如此一來，明明德與新民可以分為兩件事，而至善又過於抽象，《大學》的體系因而也變得模糊不清了。

　　明朝學者王陽明（1472-1528）在年代上比朱熹晚了

三百多年，他年輕時遍讀朱熹的書，甚至依其指示而格物，每天格竹子看看裡面是怎麼回事，到生病了才作罷。他無法認同朱熹有關三綱領的說法，因此要特別強調其一貫性與一體性，他在《大學問》中說：「故止於至善以親民而明其明德，是之謂大人之學。」然而，王陽明所謂的「至善」是什麼？他說：「至善者，心之本體也。」（《大學古本序》）如此一來，人只要「復其本體」即可，而明明德與親民皆不是非做不可的事。這又怎麼會是《大學》原意？

　　那麼，我們今天如何理解《大學》的體系？先考慮兩點：一，明明德是出發點，親民是其成效，止於至善是最後目的。二，先定義何謂「善」，然後這三綱領的內容就明白展現出來了。我們在此作個綜合敘述。

　　「明明德」是自己努力行善；「親民」是行善的成效感化了百姓；「止於至善」則是這種成效既普遍又持久，達到「平天下」的結果。如果配合八條目來說，則「明明德」包括了前五項「格物、致知、誠意、正心、修身」；「親民」包括了「齊家、治國」；「止於至善」則是「平天下」。由於「修身」是持續一生的工作，所以說「壹是皆以修身為本」。

　　理解此一體系的關鍵是「善」概念。善是「我與別人之間適當關係的實現」。因此，當我「明明德」時，即是做到了善的行為，而所謂「善行」的前提是「格物、致知、誠意、正心」，然後再體現於「修身」（修養言行）中。這種善行必然對「別人」產生教化作用，而作為領導階層所面對

的「別人」即是百姓，這不是「親民」的成效嗎？在領導者
是親近愛護百姓，在百姓則是跟著革新向善。由此大家一起
朝著「止於至善」的目標前進，追求平天下的理想。

2　「明明德」的合理詮釋

　　《大學》開宗明義就說：「大學之道，在明明德，在親民，在止於至善。」如何理解這句看來簡單的話，一直是學者們的難題。

　　東漢鄭玄說：「明明德謂顯明其至德也。」唐朝孔穎達說得較為和緩：「章明己之光明之德，謂身有明德而更彰顯之。」以上是最早的詮釋，只能算是字面解說，沒有觸及根本問題，如：每個人都有所謂的「明德」嗎？如果有，為何未能彰顯？朱熹是哲學家，意識到這一類問題，他說：「明德者，人之所得乎天而虛靈不昧，以具眾理而應萬事者也。但為氣稟所拘，人欲所蔽，則有時而昏；然其本體之明則有未嘗息者。故學者當因其所發而遂明之，以復其初也。」

　　朱熹的詮釋顯然基於他的哲學體系，使用了一些宋朝學者習見的概念，如「氣稟、人欲、本體」等。但是我們可以質疑：《大學》的作者原本就有這些複雜的概念嗎？「明明德」難道局限於「復其初」，好像那只是個人內在的修養功夫似的？

　　《大學》成書不會晚於漢初，其內容如果真的是要教導統治階級的子弟如何從政，那麼在考慮其中語詞的意義時，我們應該參考的不是一千多年之後的宋朝學者觀點，而是古代經典，如《尚書》等。

　　「明明德」一語，由「明」與「明德」二詞組成。「明

德」一詞在《尚書》經常見到。《大學》文本中就引用了「康誥曰：克明德」與「帝典曰：克明峻德」二語。回到《尚書》的注疏，我們看到「克明德」一語，孔穎達說：「用可用，敬可敬，即明德也。」明德是指君王的正確作為，亦即善行。至於「克明峻德」，則是描寫堯「能明俊德之士（任用之以睦高祖玄孫之親）。」依此看來，《大學》有意在此斷章取義以「峻」為「大」，所指為君王的偉大的善行。

另外，在《尚書‧梓材》也兩次提及「明德」，而加於此詞之上的動詞是「用」。「用明德」即是要對百姓使用善行，以此效法先王。回到《大學》文本，「明明德」一語中，第一個「明」字可以指「彰顯」，也可以指「明白」。既然上「大學」受教育，就須「明白行善的道理」，進而「彰顯自己的善行」。「明白」與「彰顯」，猶如認知與行動，在「行善」方面是不可分的整體，有如「知行配合」的道德實踐。

只有這樣詮釋「明明德」，才可以同「八條目」中的前面五步（格物、致知、誠意、正心、修身）相互呼應。只有這樣理解，使明明德與「行善」聯繫起來，接著才可能產生「親民」的成效。當然，貫穿三綱領的是「善」概念，不然最後要憑什麼說「止於至善」？

《尚書‧君陳》說：「至治馨香感於神明，黍稷非馨，明德惟馨。」統治者要讓神明滿意，與其奉獻黍稷，不如展示明德。明德所指即為照顧百姓的善行。因此，在教育新一代的統治階級時，以「明德」期許他們，希望他們以「明明

德」為第一步挑戰，不是很合理嗎？

朱熹把「明德」說成「復其初」的「初」，雖然頗有新意，但是忽略了《尚書》中屢見不鮮的「明德」用法，因而也誤讀了《大學》。

3　「親民」的合理詮釋

《大學》三綱領是「明明德，親民，止於至善」。有關「親民」，最早的解說很簡單，就是孔穎達所謂的「親愛於民」，統治者就近照顧百姓。

但是，朱熹為《大學》作注時，特地引述程頤的話：「親，當作新。」接著又說：「新者，除其舊之謂也，言既自明其明德，又當推以及人，使之亦有以去其舊染之汙也。」如果統治者「自明」其明德，要如何「推以及人」？如果這種作為可以「推」到百姓身上，就表示百姓不是「自明」其明德，而是「被動地」明其明德了。

然後，把「親民」改為「新民」，表示百姓原本都有「舊染之汙」，需要統治者來更新或革新之。程朱二人的根據是《大學》所引述的三句古語：一，湯之盤銘曰：「苟日新，日日新，又日新。」意指這種更新要日日為之，「不可略有間斷」。二，康誥曰：「作新民。」要振起商朝子民，作周朝的自新之民。三，詩曰：「周雖舊邦，其命維新。」周朝祖先由后稷開始，超過千年，到文王受命而建立新國。由此看來，改「親」為「新」，並非毫無理由。

相對於此，王陽明依然肯定「親民」為是。他是著名的「一體論者」，他說：「明明德者，立其天地萬物一體之體也，親民者，達其天地萬物一體之用也。」以「體用」一詞描寫「明明德，親民」，尚有可取之處，但是動輒宣稱「天

地萬物一體」，則顯然不是《大學》那個寫作年代的儒家學者所能認同。

　　回到《大學》文本。前述三句引述古語中的「新」字如果可以作為「新民」的根據，我們還是要問：這個「新民」難道不也是「親民」的成效嗎？朱熹的困難在於：我明我的明德，然後我去革新我的百姓，這兩者之間不是正好需要「親民」嗎？

　　當我「親民」而親近照顧百姓時，百姓由於我的善行的影響，也會受到教化而革新自己走上善途。親民可以造成新民的效果，而新民卻未必保證統治者的親民？由此看來，說「親民」不是更合適嗎？

　　以孟子津津樂道的舜為例。孟子說：「大舜有大焉，善與人同，舍己從人，樂取於人以為善。自耕稼、陶、漁，以至為帝，無非取於人者。取諸人以為善，是與人為善者也。故君子莫大乎與人為善。」（《孟子‧公孫丑上》）這是描述舜的行善方法及其成效。吸取眾人的優點來自己行善，就是偕同別人一起行善。這正是「親民」的最高境界。當統治者行善時，他用心照顧百姓，而方法是親近百姓，讓百姓發現自己身上有優點，也有能力行善，然後大家一起走上善途。這種作為的成效不正是「新民」嗎？

　　儒家心目中的善是「我與別人之間適當關係的實現」，因此只要我行善，則相關的「別人」受到正面的啟發，也會設法在他的角色上行善。這種教化才是深入人心的，也才是儒家所嚮往的。

　　若非如此，而只是由統治者單方面要求百姓革新，恐怕天下沒有這麼容易的事。因此明明德即是要求自己行善，親民即是行善的成效。

4 「止於至善」的合理詮釋

《大學》宣稱大學之道在於明明德、親民與止於至善。「止於至善」顯然是最高及最後的目標，但它是什麼意思呢？孔穎達說：其意為「止處於至善之行」，但什麼是至善之行？

「至善」一詞看來十分抽象，朱熹在《大學章句集注》中說：「止者，必至於是而不遷之意。至善，則事理當然之極也。」這也說得抽象。他畢竟有自己的一套哲學系統，所以接著說：「蓋必其有以盡夫天理之極，而無一毫人欲之私也。」意即：要「存天理，去人欲」達到完美的程度。如果扣緊《大學》文本來看，則朱熹的說法實嫌牽強。

如果三綱領的前兩步是明明德與親民，並且這兩步是實有所指的話，那麼止於至善就不應只具形式意義，而應該還有其實質內涵。我們在前文談過，明明德是要求統治者自己行善，親民是統治者的行善對百姓產生正面的成效，如此，止於至善自然是天下太平，所有百姓都幸福無比了。

這種觀點能否成立？以孔子的話來說，他在《論語》兩度提及「堯舜其猶病諸！」意即：連堯舜都覺得難以做到啊！做到什麼事呢？一是「修己以安百姓」（《論語‧憲問》），二是「博施於民而能濟眾」（《論語‧雍也》）。這兩句話的意思是一樣的，都是希望統治者「妥善」照顧天下百姓，讓他們得到幸福。

　　《中庸》第三十章說：「仲尼祖述堯舜。」《孟子‧滕文公上》則有「孟子道性善，言必稱堯舜」一語。可見孔子與孟子都以堯舜為聖王典型，那麼，連堯舜都覺得難以做到的事，不正是「止於至善」的最好寫照嗎？探討儒家思想對於這一點實不可能再有任何懷疑。

　　所謂「修己以安百姓」，正是統治者行善的結果。「善」是一人與別人之間適當關係的實現。統治者所面對的別人是天下所有百姓；而統治者的行善，正是以安頓百姓為其目標。根據這種對善的理解，「止於至善」一詞就不再抽象而有了實質意義。稍後，《大學》說：「為人君，止於仁。為人臣，止於敬。為人子，止於孝。為人父，止於慈。與國人交，止於信。」這五句話所說的都是：當你具備某一角色時，就須做出適當行為，以回應你所針對的相關角色，如此才可稱為「善」。這些是「大學」所教導的具體內容，這種有關善的知識，也正是「格物致知」所要認真探討的。如此一來，三綱領與八條目構成一個完整的體系，大學之道也得以確立及彰顯。

　　以上有關「止於至善」的詮釋還有一個最好的證據，就是孔子本人的志向。孔子在學生請教他的志向時，說：「老者安之，朋友信之，少者懷之。」（《論語‧公冶長》）意即：孔子希望以一己之力，使老年人都得到安養，使做朋友的都互相信賴，使青少年都得到照顧。這三句話中的「老者、朋友、少者」是普遍指涉天下百姓。請問孔子為何設定這麼宏偉而艱鉅的志向？理由很清楚，因為人性向善，所以

為了實現自己的人性，每一個人都應該致力於「己欲立而立
人，己欲達而達人」（《論語·雍也》），這也正是以「止
於至善」為最高目標啊！

5 「格物」是什麼？

《大學》有「三綱八目」之說。「三綱」是描述「大學之道，在明明德，在親民，在止於至善」，有如大學的三項宗旨。至於「八目」，則是強調修養的八個條目，由近及遠，依序是「格物、致知、誠意、正心、修身、齊家、治國、平天下」。

在上述八目中，排在最先的「格物」是指什麼？這個問題向來爭論不休，難以得到共識。最早的注解是東漢鄭玄所提供的，他說：「格，來也；物，猶事也。其知於善深，則來善物；其知於惡深，則來惡物。言事緣人所好來也。」這種解釋的特色，是把「致知」放在「格物」前面。先要知道善或惡，然後善事或惡事就會跟著你的喜好而來到。也正是因為他把「致知」放在「格物」前面，使得他的注解缺乏說服力。鄭玄的「格物說」無法成立，但是我們稍後談到「致知」時，會發現他的「致知說」仍有參考的價值。

到了南宋朱熹，他稟承前輩學者的啟發，以大手筆把《禮記》中的《大學》與《中庸》抽出來，成為單獨的兩本冊子，加上《論語》與《孟子》，成為「四書」。他還用心為《大學》重新編定章句，成為「經一章，傳十章」，然後遵循北宋程頤的觀點，認為《大學》說明「古人為學次第」，應該排在《論語》與《孟子》之前。「學者必由是而學焉，則庶乎其不差矣。」事實上，朱熹所編的《四書章句集注》，

也確實把《大學》與《中庸》列在前面。

　　由於朱熹的《四書章句集注》是元、明、清三代科舉取士的教科書，六百多年以來成為學者奉為圭臬的標準讀本，所以他的解釋也廣為人知。那麼，朱熹怎麼說「格物」呢？他說：「格，至也；物，猶事也。窮至事物之理，欲其極處無不到也。」表面看來，這是要人用功念書及了解事物的道理，但是問題在於：誰能達到朱熹所要求的標準？天下有萬物，人生又過於短暫，如果到處格物，何時才能跨出這八目的第一步呢？

　　朱熹在「傳五章」，特別參照程頤之意，加了一段文字，想要補足《大學》原文可能有的缺漏。他好像參加作文比賽，寫了一段沒有人講得清楚的話，這段話共一百三十五個字，我只引述最後的結論部分。他說：

　　「是以大學始教，必使學者即凡天下之物，莫不因其已知之理而益窮之，以求至乎其極。至於用力日久，而一旦豁然貫通，則眾物之表裡精粗無不到，而吾心之全體大用無不明矣。此謂物格，此謂知之至也。」

　　請問：自有人類以來，有誰能達到「眾物之表裡精粗無不到」的境地？至於「吾心之全體大用無不明」又是怎麼回事？這不是在作文比賽又是什麼？別忘了，這還只是八目中的第一步，做不到這一步的要求，後面還有什麼希望？明朝王陽明在努力格竹子以致生病之後，終於覺悟朱熹所言不切實際。

　　王陽明在《大學問》中，探討《大學》的基本觀點。他

的策略是把八目中的前三項「格物、致知、誠意」合在一起說。他說：「格者，正也，正其不正以歸於正之謂也。」亦即「去惡為善」。「物者，事也。凡意之所發，必有其事，意所在之事，謂之物。」

明明《大學》講的是「格物、致知、誠意」，而王陽明一定要把「物」與「意」連在一起，然後用「致知」來貫穿，因為他所謂的「致知」是「致良知」。良知知道善與惡，於是格物要靠良知，不然無法「正其不正以歸於正」；誠意也要靠良知，不然要根據什麼去誠呢？

說到最後，王陽明認為「身心意知物」其實「只是一物」，看來，這是要人用功念書及了解事物的道理，但是問題在於：誰能達到朱熹所要求的標準？天下有萬物，人生又過於短暫，如果到處格物，何時才能跨出這八目的第一步呢？

朱熹在「傳五章」，特別參照程頤之意，加了一段文字，想要補足《大學》原文可能有的缺漏。他好像參加作文比賽，寫了一段沒有人講得清楚的話，這段話共一百三十五個字，我只引述最後的結論部分。他說：

「是以大學始教，必使學者即凡天下之物，莫不因其已知之理而益窮之，以求至乎其極。至於用力日久，而一旦豁然貫通，則眾物之表裡精粗無不到，而吾心之全體大用無不明矣。此謂物格，此謂知之至也。」

請問：自有人類以來，有誰能達到「眾物之表裡精粗無不到」的境地？至於「吾心之全體大用無不明」又是怎麼回

事？這不是在作文比賽又是什麼？別忘了，這還只是八目中的第一步，做不到這一步的要求，後面還有什麼希望？明朝王陽明在努力格竹子以致生病之後，終於覺悟朱熹所言不切實際。

王陽明在《大學問》中，探討《大學》的基本觀點。他的策略是把八目中的前三項「格物、致知、誠意」合在一起說。他說：「格者，正也，正其不正以歸於正之謂也。」亦即「去惡為善」。「物者，事也。凡意之所發，必有其事，意所在之事，謂之物。」

明明《大學》講的是「格物、致知、誠意」，而王陽明一定要把「物」與「意」連在一起，然後用「致知」來貫穿，因為他所謂的「致知」是「致良知」。良知知道善與惡，於是格物要靠良知，不然無法「正其不正以歸於正」；誠意也要靠良知，不然要根據什麼去誠呢？

說到最後，王陽明認為「身心意知物」其實「只是一物」，而「格致誠正修」其實「只是一事」。如此一來，《大學》原有的八目還剩下多少？本來是古人描述「大學」的理想與修行步驟的一本手冊，現在變成某種秘教的天書，請問這是《大學》的原來意思嗎？

6 再談「格物」

在介紹及評論了鄭玄、朱熹、王陽明三位學者的「格物」觀點之後，我們可以進一步探討這個問題。

兩個前提必須確立。一，《大學》是誰寫的？寫的目的是什麼？朱熹認為「曾子作大學」，錢穆先生在《四書釋義》認為這是沒有根據的話。至少我們可以說，《大學》不會早於孟子，很有可能是戰國末期，甚至是秦漢之際的作品。寫作《大學》的目的，是為了說明三代以來貴族子弟接受高等教育的基本宗旨。這些學生在十五歲（另一說為二十歲）入學，因此入學時已有基本知識。二，《大學》所列出的「八目」中，「格物」列在第一步，所以它不應該太過複雜、太過困難，或太過神秘。

先說「格」。鄭玄以格為「來」，於是格物就是「物」（善事或惡事）來到一個人身上。這樣理解，格物能有什麼教育意義？朱熹以格為「至」，格物就是要窮究（努力探討研究）事物之理。這樣理解，可能永遠跨不出這一步，更別奢望可以大學畢業了。王陽明以格為「正」，格物即是要在一切事上以吾之良心所知之善惡來正之。如此一來，後面何必再說「正心」？

事實上，格有「來、至、正」等用法，但既然使用「格」字，就表示它可能另有用意。

我對「格」字的理解，主要參考《論語·為政》，「子曰：

道之以政，齊之以刑，民免而無恥；道之以德，齊之以禮，有恥且格。」「有恥且格」一語，可以解為：百姓有羞恥心，並且「自動來歸」或「自歸於正」。這樣可以包含前面三位學者的觀點在內。不過，孔子若要談「來歸」，他會使用「則修文德以來之」（《論語·季氏》），直接用「來」字；孔子若要談「歸於正」，他會說：「子帥以正，孰敢不正？」（《論語·顏淵》）既然如此，這兒所謂的「格」應該另有用意，亦即：百姓有羞恥心，並且「可以分辨善惡」。格為「分辨、辨別」之意，從「有羞恥心」到「分辨善惡」，然後還有漫長的個人修行空間。只靠「道之以德，齊之以禮」，大概只能收效至此。

其次，《孟子·離婁上》說：「惟大人為能格君心之非。」一般都說這個「格」是「改正」之意，要改正就需要先「分辨、批評」。若只注意「格為正」，則孟子書中使用「正」字幾十處，為何他不說「正君心之非」？大臣若為國君「分辨、批評」其心之非，才有可能讓國君自己走上正道。國君若是無法分辨善惡，大臣又能奈何？

因此，我認為「格為分辨（善惡）」。那麼，「物」呢？凡是與我相對的，皆可以稱為「物」。古人使用「物」字，向來包含「人」在內，由此亦包含了「事」。因為有人才有事，並且有人也必然有事。

在此，「物」不是指萬物，而是指「與我相對及相關的人與事」，於是，「格物」就是「要分辨所有與我相關的人與事」。學生上大學時，早已學會基本的做人處事的規範，

現在要學的是：讓這些規範成為我主動願意去實踐的。為了
達成這項目標，就要學會分辨所有與我相關的人與事。人的
注意力是由外而內的，先察覺周遭環境與我的關係，再反省
我的「應該」作為是如何。所以，《大學》教人的第一步，
是要重新辨別我的角色，認清我在社會上各種「人際相處的
關係中」所應該有的言行表現。

　　這種格物，主要是以一個人在某種人際關係中「應該」
如何為其目標，亦即要分辨什麼是善與什麼是惡。接著格物
上場的是「致知」。所致的知，即是明確的善與惡。也因此
我在前文會說，鄭玄認為「知謂知善惡吉凶之所終始也」一
語有一定的道理。

　　像本文所解釋的這種「格物」加上「致知」，大約一年
之內即可學會。如此可以繼續往上努力。否則大學每三年考
核一次，誰能順利通過檢驗？

7 「致知」是什麼？

在《大學》的八個條目中，首先是「格物」，接著是「致知」，後面是「誠意、正心、修身、齊家、治國、平天下」。既然「大學」是古代貴族子弟的高等教育，教育的目的當然是要求學生「有所認知」，然後再「付諸實踐」，由此達成修習的效果。因此，「致知」這一步就成為關鍵所在了。

細究《大學》原文，會發現其中的推理次序很有趣，就是不能離開一個「欲」字。像「古之欲明明德於天下者，先治其國；欲治其國者……。」欲與不欲，顯然表示一個人自己要作主選擇。你若選擇某項目標，就要先做到某一要求。但是這段推理到了「致知」就改變了。它不說「欲致其知者，先格其物」；它說的是「致知在格物」。換言之，「致知」不是你可以欲或不欲的，而是你上大學之後「必須」作的選擇。不然何必上大學？

所謂「致知在格物」，意思是：你要得到這種「知」，就須分辨你與外物（指相關的人與事）之間的關係。原文接著說：「物格而後知至，知至而後意誠……。」前面說「致知」，後面說「知至」。如果對照八目的用語，也只有這裡的「致」與「至」有所不同。這種不同應該有其理由。

我們回到上一段所指出的。原文不說：「欲致其知者，先格其物」，它直接說「致知在格物」。為何不說「先格其物」？因為所謂「物」，並非某一個人所特有的「人與事」

的處境，而是普遍的、共同的處境。譬如，「物」可以指涉「五倫」中的相關角色，如「君臣、父子、夫婦、兄弟、朋友」，也可以指涉禮儀、禮節、禮貌中的應有言行，進而可以指涉由歷史事件所學會的為官之道。這些「物」不是某人所獨有的，而是所有的大學生都會在未來的從政生涯中遇到的。因此，不可以說「格其物」，而只能說「格物」。在格物的過程中，可以不斷「致知」，推求及獲得這種「知」。

原文接著說：「物格而後知至」，意思是這種「知」最後會來到學生心中，讓學生有所領悟。「致知」是推求的過程，「知至」則是得到明確的理解。問題在於：這種「知」是指什麼？

朱熹認為：這種「知」是對眾物（推而包括萬物）的認知。這是不著邊際的觀點。王陽明認為，這種「知」是良知。這是過於主觀，並且無從檢證其真偽的觀點。鄭玄認為，這種「知」是「知善惡吉凶之所終始也」。這種觀點值得肯定。且以孔子的說法來作判斷。

孔子在《論語》中，多次使用「知」字。所知者有二：一是對外物或客觀知識的理解，如「知禮、知言、知人」（《論語·堯曰》），以及大多數由「學」（包含聞見）而得知的知識。二是對德行上「善惡」的知識。當他談到「生而知之、學而知之、困而學之、困而不學」（《論語·季氏》）這四種人時，所指涉的就是對善惡的認知。若非如此，怎能使用「生而知之」一詞？不過「生而知之」的人很少，孔子說：「我非生而知之者也，好古，敏以求之者也。」（《論

語·述而》）可惜，孔子這一句話中的「知」字不夠明確。

　　孔子雖未清楚區分這兩種知，但是他肯定顏淵「好學」時，說顏淵「不遷怒、不貳過」，這顯然是指後者由好學而知道並且實踐了德行之知。《易經·繫辭傳》談到「復卦」時，引述孔子說：顏氏之子（顏淵）「有不善未嘗不知，知之未嘗復行。」這也明顯是指德行之知。

　　簡單說來，致知就是「明善」。「明善」一詞在《孟子》與《中庸》，都是極為關鍵的。詳情在相關部分會談到。

　　總之，從格物到致知，可以理解如下：學生進入大學接受高等教育，首先要「分辨與自己相關的人與事」，由此「得知行為規範的善惡有何具體內容」。到這第二步，是每一個學生應該建立的共識。知至之後的修行，則是個人自己要負責實踐的，由此接上「意誠、心正」等等後續的步驟。

8 再談「致知」

《大學》強調「修身」，又以「治國、平天下」為奮鬥目標，因此顯然屬於儒家傳統。既然是儒家，就不難從孔子的言行資料找到理解《大學》的重要線索。我們談過，「大學」是教育機構，所教的內容應該是一套完整的知識。學生明白這一套知識之後，再設法實踐以改善自己的生命。

既然如此，八目之中位於「格物」之後的「致知」就特別值得留意了。《論語‧堯曰》的最後一章，也是全書的壓軸之作，內容是：「子曰：不知命，無以為君子也；不知禮，無以立也；不知言，無以知人也。」由這種連續三個與「知」有關的說法，可以看出孔子的觀點。我們如果宣稱孔子在「格物」（分辨與自己有關的人與事）之後，所「致知」的是以上這三點，我想應該不會離譜。

首先，「知命」是指了解自己的命運與使命。命運是一個人必須接受的遭遇，如家世背景、時代環境，以及直至當下所發生在自己身上的一切。使命則是覺悟自己身為一個人應有的抱負與志向。後者又可稱為「天命」。君子是知天命與畏天命的人。其次，「知禮」是指學習社會上既定的禮儀規範，否則無法立身處世，度一個有意義的人生。孔子也曾教誨兒子「不學禮，無以立」（《論語‧季氏》）。當然，學習規範的同時，還須深入了解這些規範的道理。譬如，孔子在回答宰我問「三年之喪」時（《論語‧陽貨》），就

不厭其煩地指出：這種倫理規範的基礎在於心理情感（安不安），而心理情感又可以推源於生理需求（子生三年然後免於父母之懷）。這實在是「致知」的示範教學。

然後，有關「知言」，孔子認為對一個人要「聽其言而觀其行」（《論語·公冶長》）。這方面說得較完整的是孟子，因為孟子自認為有兩項優點，就是「知言」與「善養浩然之氣」（《孟子·公孫丑上》）。所謂知言，就是「詖辭知其所蔽，淫辭知其所陷，邪辭知其所離，遁辭知其所窮」，如此一來，自然可以「知人」了。

以上三知，皆為「致知」的例子，我們確實可以合理地想像：《大學》的觀點不會偏離於此。

不僅如此，孔子還說過：「我有知乎哉？無知也。有鄙夫問於我，空空如也。我扣其兩端而竭焉！」（《論語·子罕》）由此可見，孔子除了明白一般的倫理規範之外，在實際上有人向他請教如何選擇時，他並沒有現成的答案，而是就別人的問題，「扣其兩端而竭焉」，亦即：由正反兩種角度把問題的答案剖析清楚，然後請教的人就會領悟何去何從了。這不也是「致知」的具體做法嗎？

此外，「致知」不能憑空玄想，或者像王陽明說的，用自己早已知道善惡的良知去找到答案。關於良知，不妨另文再談。這裡只須省思孟子介紹舜的一段話就清楚了。孟子描寫舜早年住在鄉下，「與木石居，與鹿豕遊，其所以異於深山之野人者幾希」，這時舜與淳樸無知的百姓差不多。轉變的契機在於：「及其聞一善言，見一善行，若決江河，沛然

莫之能禦。」(《孟子‧盡心上》)意思是:等到舜「聽到
一句善的話,見到一件善的事,他內心立即覺悟而湧現無比
的向善力量,有如江河決堤水勢盛大,沒有東西阻擋得住。」

我們可以合理推測:舜是由對於「善言善行」有所聞見
而產生「格物、致知」的神奇效果。《中庸》第六章說:舜
「好問而好察邇言」,孟子則說舜「樂取於人以為善,是與
人為善者也」(《孟子‧公孫丑上》)。這都是類似「格物、
致知」的做法。

回到我們今天的學習經驗,情況也與此類似。我們從小
接受家庭教育,知道基本的行為規範,但是並未有系統地
「格物」(分辨我與周遭的人、事之間的關係),也談不上
「致知」(得知這些行為規範的理由),因而很少會自動走
上後續的「誠意、正心、修身」這些步驟。大學的目的是教
人修身以從政服務百姓的,因此對於修身之前的四個條目特
別加以介紹,這麼做不是很合乎邏輯嗎?

9 「誠意」是怎麼回事？

　　由字面看來，「誠意」是誠實面對自己的意念。如果這是一種功夫，就表示一般人有可能「不誠實」面對自己的意念。為了說明清楚，必須先找出「誠意」的脈絡。在《大學》的八條目中，先有「格物，致知」，然後才可談「誠意，正心」，這是什麼緣故？

　　首先，一個人若是未能「致知」，就做不到「誠意」。因此，所致之知必定是道德之知，亦即善惡分辨之知。知道善惡之後，才可依此考察自己的意念是否符合要求。人的意念是隨著外物而興起的，具有被動的、短暫的、易變的性質。意念如果不誠實，就會演變為偏差的想法，形成「不正之心」，所以在誠意之後還須「正心」。

　　譬如，見財起意，但因為已經知道「非份之財不可貪」的規範，意念與規範兩相對照，即是誠意的功夫。因此，《大學》說：「所謂誠其意者，毋自欺也。」所謂「自欺」，必須先知道何謂善惡，才有自欺與否的問題。若是未能分辨善惡，何來自欺之說？不過，既已知道善惡，為何還有自欺的問題呢？理由很多，譬如：所知不夠深刻，所遇誘惑太大，所想藉口太多，或者是小人群居形成風氣而隨俗浮沉。也正因為如此，誠意是重要的功夫。

　　《大學》接著說：「如惡惡臭，如好好色，此之謂自謙，故君子必慎其獨也。」在此以人的自然生理反應（討厭難聞

的味道，喜歡美麗的色彩）來描寫「誠意」的直接性，亦即意念一照見善惡規範就會直接出現的自覺情況。如此才可「自謙」（讓自己滿意），而不是為了讓別人滿意。為何會讓自己滿意？因為人性向善。說人性向善，表示一方面因誠意而合乎善的要求，便會自覺滿意；同時不可忽略「慎獨」的功夫，否則依然可能做壞事。

《大學》接著所說的一段話特別值得深思。「小人閒居為不善，無所不至，見君子而後厭然，揜其不善而著其善。」朱熹與王陽明皆主張人性本善，因此都把焦點放在最後一句「揜其不善而著其善」。朱熹說：「小人……非不知善之當為與惡之當去也。」王陽明說：「是亦可以見其良知之有不容於自昧者也。」但是，「小人閒居為不善，無所不至」這句話讓人驚訝震撼。如果人性本善，小人怎麼會落到這步田地？「無所不至」是說沒有什麼壞事不做的。這或許是對事實的客觀描述，但也充分反映了儒家的憂患意識。宣稱儒家主張「人性本善」者，於此可曾深思？

不僅如此，小人「見君子而後厭然，揜其不善而著其善」，這是小人為了見賢思齊或良心發現嗎？並非如此，原文接著說：「人之視己，如見其肺肝然，則何益矣？」原來是因為兩相對照之下，小人被君子看透了，因自覺羞愧而裝模作樣一番。當然，小人如果從「毋自欺」開始修習「誠意」功夫，再做到慎獨與認真行善，很快也能讓自己滿意。

《大學》引述曾子所說的：「十目所視，十手所指，其嚴乎！」在此應該說明的是：這十目與十手所代表的是君子。

如果四周都是小人，又何嚴之有？我們可以成為君子，也可能成為小人，何去何從，就由「誠意」著手吧！

10 「正心」是怎麼回事？

在《大學》的八條目中，「正心」是接著「誠意」而來的功夫。「誠意」是誠實面對自己的意念，其前提為「格物、致知」，就是先知道何謂善惡，然後在自己的意念出現時，對照善惡規範來作自我要求。「誠意」功夫所要求的是慎獨、自謙（讓自己滿意）與毋自欺。

那麼，「正心」的作用何在？人有意念之後，會形成某種「想法」，想法有正與不正之別，所以接著要正心，由此再聯繫到人的具體言行。因此，心（想法）是由內到外的樞紐。一般而言，意念是短暫的、流動的、變化的、被動的，而想法是完整的、固定的、主動的，具有明確意涵，準備展示為「言行」的。

心即指這樣的想法，因此才有正與不正的問題。譬如，在《論語‧雍也》孔子說：「回也，其心三月不違仁，其餘則日月至焉而已。」顏回的「想法」可以長期（三月）不背離「行仁」的要求。這表示他的正心功夫做得不錯，別的學生則處於依違之間，仍有待努力。孔子在《論語‧為政》描寫自己的生平進境時，最後說：「七十而從心所欲不踰矩。」這句話表示他在七十歲之前，如果「從心所欲」就有「可能」違背規範。何謂從心所欲？就是任由自己的想法帶領自己的言行表現。這種做法有可能「踰矩」，因此「正心」即是要端正或導正自己的想法。

　　《大學》有關「正心」的說法是：「所謂修身在正其心者，身有所忿懥，則不得其正；有所恐懼，則不得其正；有所好樂，則不得其正；有所憂患，則不得其正。」朱熹依程頤之說，認為「身有所忿懥」的「身」字，應該改為「心」字。如果這麼改，則成為「心有所忿懥，則（心）不得其正」，這不是「同語重複」嗎？並且若以「心」為想法，則人的想法又何止這四種不正的狀態？那麼，如果維持原文所說的「身」，又是何意？

　　依我淺見，「修身」是指「修養言行」。「身心」一詞並用時，心指內在的想法，身指外在的言行。有想法才會展示為言行，否則只是胡思亂想或胡言亂行。如果未能「正心」，如何可能「修身」？譬如，孔子說：「匿怨而友其人，左丘明恥之，丘亦恥之。」（《論語·公冶長》）知道自己對某人有怨，這屬於「誠意」階段的功夫；有怨而未能誠意，只想到現在的利害（為了維持表面的和諧，或為了得到某種利益），並且想要繼續與他為友，這是「正心」階段應作的功夫。但顯然沒有做到。最後表現於「言行」的是「匿怨而友其人」。孔子所不恥的這種行為就出現了。

　　「身」為「言行」，因此說「身」表現出「憤怒、恐懼、喜愛、憂患」的言行，不是很合理嗎？這些言行不是「由心（內）到身（外）」的具體表現嗎？《大學》接著說：「心不在焉，視而不見，聽而不聞，食而不知其味。此謂修身在正其心。」這句話才是真正扣緊「心」來說的。「視、聽、食」都是「身」的活動，其樞紐在於「心」。如果「心不在

焉」，不知自己的「想法」是什麼？言行失去內心的基礎，
只是茫茫然在活動，又如何可能「修身」？孟子引述孔子所
說的：「出入無時，莫知其鄉〔向〕，惟心之謂與！」（《孟
子‧告子上》）像這樣的心，既不能收斂於當下的言行，又
不能正之，若是「從心所欲」，則後果豈堪設想？後儒動輒
把「心」或「良知」說成「本善」，實非孔孟本意。

11 修身的要訣

在《大學》的「八條目」中，「修身」位居第五，前面四項是「格物、致知、誠意、正心」，很明顯都是個人學習有得及內在修為的部分。到了修身，其意為「修養言行」，就必須表現於外在，不僅與人相接，還會產生正面反面各種評價與效應。所以接著出現的是「齊家、治國、平天下」。

在《大學》第三章說：「自天子以至於庶人，壹是皆以修身為本。」意即：天下所有的人同樣都是以修養言行作為人生的根本。根本若是出了問題，則不僅無法達成人生目標，也不可能善度個人的一生，只會留下或大或小的困難、遺憾與災難。那麼，修身的要訣何在？

《大學》在「所謂齊其家在修其身者」這一章，提醒我們避開個人情感可能造成的偏頗心態。人們對於自己「親愛、賤惡、畏敬、哀矜、敖惰」的人，在言行上就會表現偏頗。這似乎是普遍的現象，我們在面對自己「親近愛慕的人、鄙視討厭的人、畏懼尊敬的人、同情憐憫的人、輕忽怠慢的人」之時，能夠保持平等心而一視同仁嗎？

孔子說：「唯仁者能好人能惡人。」（《論語·里仁》）只有行仁者能夠做到：喜愛好人而厭惡壞人。一般人的作為是：喜愛親友而厭惡仇敵，很難客觀考慮一人本身在某種言行上的好或壞。世間誰是孔子口中的仁者？少之又少。

《大學》在此章接著說：「故好而知其惡，惡而知其美

者，天下鮮矣！」亦即，天下很少人可以做到：喜愛一個人
同時知道他的缺點，厭惡一個人同時知道他的優點。光是這
句話就足以作為我們修身的標竿了。

怎麼具體修練呢？一方面，要「約」，如孔子所說的「以
約失之者，鮮矣！」（《論語·里仁》）只要能夠自我約束，
就很少會犯錯了。這個「約」字主要針對個人的欲望，正如
孔子提示顏淵的具體做法：「非禮勿視，非禮勿聽，非禮勿
言，非禮勿動。」（《論語·顏淵》）「禮」是一個社會的
共同規範，也是我們在「格物、致知」階段所學會的。而「誠
意、正心」的階段表現在何處呢？以孔子為例，在於他的「子
絕四：毋意、毋必、毋固、毋我。」（《論語·子罕》）「子
不語」（《論語·述而》），以及他的憂慮（《論語·述而》）。
換言之，孔子的「約」做得相當徹底。能夠這麼做，就不會
受到個人的情緒與欲望所左右了。

另一方面，還要努力做到「無私」。保持無私的心態，
才符合孔子心目中的「君子」，如「君子不以言舉人，不以
人廢言」（《論語·衛靈公》），「君子和而不同」（《論
語·子路》），「君子周而不比」（《論語·為政》）等。
顏淵的志向是「願無伐善，無施勞」（《論語·公冶長》），
既不誇耀自己的優點，也不推給別人勞苦的事情；如此一來
一往的結果即是無私，也可稱得上「君子」之名了。

做到無私這一步，才有可能繼續朝著孔子的志向前進，
就是「老者安之，朋友信之，少者懷之」（《論語·公冶
長》），要以個人的力量造福天下人，這不是止於至善嗎？

因此，由修身進而談「齊家」以及後續的成果就順理成章
了。

　　《大學》在此章最後引述一句諺語：「人莫知其子之惡，
莫知其苗之碩。」可謂畫龍點睛，由「修身」推及「齊家」
了。

12 齊家的構想

《大學》在「所謂治國必先齊其家者」這一章，肯定從齊家到治國的合理發展。事實上，從修身開始，後續的有關齊家、治國、平天下的效應，是一個動態的與循環的過程。

所謂動態，是說這四者之間不是靜態的階段，好像完成了修身才有可能齊家似的。修身是人一生都要努力的工作，齊家亦然，一直在改善之中。其次，所謂循環，是說修身固然先於齊家，但在齊家的過程中，也會反過來要求更高的修身標準。加上後續的治國與平天下，也都是如此。

《大學》在此章接著說：「其家不可教而能教人者，無之。」所謂「不可教」只能理解為「沒有好好教育」（此為動態的過程），而不宜說成「沒有教育好」（此為靜態的結果）。教育是每個人一生的事，並且無法由家長一人獨擔責任，必須家中成員各自負起部分責任。試問：有誰能夠「先」教育好家人，「再去」教育或領導別人的？對大夫或家長而言，修身與齊家不可二分，不修身者不可能齊家，但修身者卻未必可以齊家。史書上說：堯之子丹朱不肖，舜之子商均不肖。但歷史上有比堯舜還好的帝王嗎？

「齊家」的構想是《大學》接著所說的「故君子不出家而成教於國。」在家中能實踐「孝、弟、慈」，推到國的層次，就自然可以「事君、事長、使眾」，如此不就治國了嗎？除了善於推己及人之外，還有上行下效的作用。這即是所謂

的「一家仁，一國興仁。一家讓，一國興讓。一人貪戾，一國作亂。」這在古代封建社會或許尚有可能，但是場景換到不同時空則未必如此。如果《大學》是代表儒家理想的政治教科書，尚且情有可原。若是就思想的合理性來看，則值得商榷。

　　譬如，我們讀到「堯舜率天下以仁，而民從之。桀紂率天下以暴，而民從之。」這句話似乎認定了天下百姓完全沒有自主性，只能跟著帝王的表率去行動。事實上呢？孔子談及統治者，說：「其身正，不令而行；其身不正，雖令不從。」（《論語‧子路》）意即：統治者本身端正，就是不下令，百姓也會跟著走上正道；但是統治者本身不端正，即使他下令百姓走上正道，百姓也不會服從。可見百姓是效法上位的。但是，孔子的另一番話說明百姓未必如此，他說：「舉直錯諸枉，則民服；舉枉錯諸直，則民不服。」（《論語‧為政》）百姓對直者服而對枉者不服，可見百姓仍有某種自發的及自主的判斷。這種判斷所顯示的依據是什麼？是人性向善。若非如此，當桀紂率天下以暴之後，百姓都跟著走，那麼人間如何可能再現希望？

　　《大學》畢竟只是一本教科書，無法深入辨析人性的深刻層次，所以在表述上稍嫌粗疏。接著，是一句具有普遍意義的教訓：「是故君子有諸己，而後求諸人；無諸己，而後非諸人。」若是無法以身作則，又憑什麼領導別人？從人性向善的立場來看，人若行善，則必因言行符合自身人性的要求而有內發的快樂。加上，善是我與別人之間適當關係之實

現；於是這樣的善行與快樂「上行下效」，由近及遠，然後齊家與治國不是水到渠成嗎？

成事的契機仍在一個「恕」字。「所藏乎身不恕，而能喻諸人者，未之有也。故治國在齊其家。」恕即是推己及人，也即是孔子所說的「己所不欲，勿施於人。」（《論語・顏淵》）

13 治國與平天下

在古代，治國是諸侯的事，平天下是天子的事。《大學》作做為儒家所設計的教科書，所能展示的「止於至善」的目標即體現於此。那麼，一般讀書人能從《大學》得到什麼啟發？

先談治國。出發點仍是上行下效，《大學》說：「所謂平天下在治其國者，上老老而民興孝，上長長而民興弟，上恤孤而民不倍。」這三句話所強調的是統治者的責任。受教育的目的是明白道理，對人間的具體「關係」應該如何有一定的認識，然後才可各司其職與各負其責。這也是三綱領中的「明明德」與「親民」所希望達成的。

接著談到「絜矩之道」，就有普遍推廣的價值了。它說：「是以君子有絜矩之道也。所惡於上，毋以使下；所惡於下，毋以事上。所惡於前，毋以先後；所惡於後，毋以從前。所惡於右，毋以交於左；所惡於左，毋以交於右。此之謂絜矩之道。」

「絜」為度量，「矩」為畫成方形的用具。以己之心度人之心，互相換位思考，則人群相處自然沒有問題。這兒談到的人際關係有「上與下，前與後，左與右」。「上與下」是指上位者與下位者，「前與後」是指職務交接的順序，「左與右」則是處在平等的位置。這三種相互關係的考量在今日職場上依然有效，並且只要一個社會繼續存在，它們就繼續

是不可或缺的。在根本上，這正是孔子「己所不欲，勿施於人」的具體應用。

由此看來，所謂「治國」，可以理解為一個人在工作領域中的表現。今日社會分工細密，有隔行如隔山的情況，個人所選擇的職業往往成為他與整個社會或人類之間的中介，在職場上的順逆也在極大程度上決定了他一生的成敗。那麼對他而言，職場不是形同一個國家嗎？基於這樣的認識，絜矩之道無異於職場上的工作守則，是使我們立於不敗之地的寶典。

回到《大學》，它接著肯定國君要如何做到：「民之所好好之，民之所惡惡之。」這句話除非基於「人性向善」的觀念，否則難免帶來困擾。譬如，《國語·魯語下》說：「夫民，勞則思，思則善心生；逸則淫，淫則忘善，忘善則惡心生。」依此而論，如何能支持「民之所好好之」？試問：民之所好是「勞」還是「逸」？古代經典在這個問題上的警惕不勝枚舉。因此，《大學》的理念應該是儒家的人性向善論，否則無法立說。

《大學》稍後落實於德與財的本末關係上。它說：「是故君子先慎乎德。有德此有人，有人此有土，有土此有財，有財此有用。德者本也，財者末也。」凡是負責治國與平天下的統治者都應該認真體會此語。《易經·繫辭下》說：「聖人之大寶曰位。何以守位曰仁，何以聚人曰財。」財之於民竟是如此重要。《論語·堯曰》則說：「所重：民，食，喪，祭。」喪與祭是善待死者之道，對於生者，「食」之一字足

以說明。因此《大學》在總結部分原本應該暢談「平天下」的宏圖，但是現在它所表述的是什麼？是提醒統治者不要與民爭財，所謂「仁者以財發身，不仁者以身發財。」全書結語是：「此謂國不以利為利，以義為利也。」

　　這種結論不唱高調，肯定了政治與倫理的合拍。探究整部《大學》的核心思想，則依然是以人性向善的理念落實於政治領域的教育設計。

第四輯 《中庸》部分

1 《中庸》為什麼重要？

儒家思想是有所傳承的。它所傳承的是什麼？是孟子引述《尚書‧泰誓》中的一句話：「天降下民，作之君，作之師，惟曰其助上帝寵之。」（《孟子‧梁惠王下》）上天使眾多百姓生活在世上，為他們安排了君與師，是要協助上帝來照顧百姓的。「君」代表政治，「師」代表教育，所以儒家從孔子開始就努力藉由政治與教育來照顧百姓。這即是儒家的根本關懷。

儒家作為一套學說，自然必須提出有系統的思維。因此，針對上述關懷所要說明的有三大問題：一，百姓需要什麼樣的「教化」？二，這種教化所依據的「正道」是什麼？三，這種正道與百姓與生俱有的「本性」有何關聯？這三個問題是由百姓需要君與師所推衍出來的，而君與師即是從事教化工作的人。說得深刻一些，儒家自覺身負「師」的責任，而所謂的「君」在政治上雖有權力，但也需要接受教育。孔子與孟子經常從事的工作就包括了對政治人物的開導與勸誡。

譬如，《大學》即是根據儒家立場來教導政治領袖的教科書。其基本修養由「格物、致知」著手，接著進行「誠意、正心」的功夫，再聚焦於「修身」，然後擴及「齊家、治國」，以至「平天下」。由「平天下」一詞可知，這是君王也應接受的教育。《大學》的說法是：「自天子以至於庶人，壹是

皆以修身為本。」這句話正好回應了前面所謂的三大問題的出發點：人的本性為何是如此這般，以致需要「修身」？以這三大問題為主軸，進行系統說明的，即是《中庸》一書。

《中庸》開宗明義說：「天命之謂性，率性之謂道，修道之謂教。」這正是要從源頭開始，界定前述三大問題的思路。這三句話在說什麼？為了避免斷章取義，我們最好由第三句話回溯上去。由「教」推溯到「道」，再推溯到「性」，那麼，這個「性」是指萬物的本性，還是專指人類的本性？答案很清楚。誰能想像人類之外的萬物（如花草樹木，鳥獸蟲魚）也有「率不率性」或「修不修道」的可能性？如果「天命之謂性」所指的是萬物之性，則「率性之謂道」的「性」也必須指萬物之性。簡單的相連的兩句話不可能使用歧義的「性」字。

我曾在一次研討會中，強調「天命之謂性」所指的是「人類之性」，結果一位學者質疑我「增字解經」。是我增字解經，還是他斷章取義？這實在不難判斷。《中庸》為什麼重要？正是因為它綜合敘述了儒家的觀點。這種觀點依然要從流溯源，亦即：一，百姓都需要教化，這是客觀而明顯的事實。二，用什麼來教化百姓呢？答案是儒家的道，所以孔子說「志於道」，並且宣稱「吾道一以貫之」，而孟子發揮孔子之道，強調「聖人復起，必從吾言」。三，儒家的道不是憑空想像的結果，而是出自對人性的洞察，那麼人性是怎麼回事？為何人性需要正道及教化，亦即為何人性「並不」完美？答案只有歸之於「天命」。一說「天命」，就無異於承

認這是既成事實，我們只有了解及接受罷了。

　　總之，《中庸》一開始的三句話代表儒家思想的結晶所在。其重要性不言可喻。朱熹將其選列「四書」之中，確有貢獻，至於朱注是否合理或是否正確，則仍有待深入研究。

2　《中庸》的出發點

　　《中庸》闡明「人」的問題時，其出發點何在？以全書第一句話「天命之謂性」來說，我們稍後將探討「天命」概念的指涉，在此且專就人性來思考。人性為何是如此這般，以致需要正道及教化？或者說得清楚一些，人性為何是不完美的？

　　這個問題不是《中庸》所獨有，而是從孔子開始，早期儒家學者的共同關懷。《論語》、《孟子》、《大學》、《易傳》對此皆採取共同的立場。

　　以《論語》為例，孔子提醒我們「君子有三戒」，無論「少之時，及其壯也，及其老也」，都要小心防範「血氣」造成的困擾，要「戒色、戒鬥、戒得」（《論語·季氏》）。這樣的人性沒有問題嗎？他明確區分君子與小人，而小人即是平凡的、無志向的人，也即是眾多百姓。小人不讓人擔心嗎？

　　以《孟子》為例，孟子指出，古代的舜任命契為司徒，教導百姓「人倫」，是因為一般百姓「飽食煖衣，逸居而無教，則近於禽獸。」（《孟子·滕文公上》）百姓生活富裕而未受「教育」就接近禽獸，如果生活不富裕或貧困，會變成什麼樣子？他說：「聖人有憂」；就是這個「憂」字，充分反映了儒家對人性的態度。

　　既然提到「聖人」，我們先說《易傳》。在〈繫辭上〉

談到「一陰一陽之謂道」，接著描述陰陽二種力量形成了萬物（包括百姓在內），然後是「鼓萬物而不與聖人同憂」，意即：鼓動萬物的變化，而不與聖人一同憂慮。聖人憂慮什麼？〈繫辭下〉說：「作《易》者，其有憂患乎！」前面的「同憂」所指的是普遍的關聯於人的狀態，後面的「憂患」則是指「中古」（殷末周初）的特定時代的人的處境。

《大學》並未談論普遍的人性，但是關於「小人」則有一句極其尖銳的評語，就是在探討「誠意」時說：「小人閒居為不善，無所不至。」亦即，小人平日就做不善的事，沒有什麼壞事不做的。這是什麼觀點？實在讓人震撼。朱熹在注解「四書」時，一有機會就宣稱「人性本善」，這也實在讓人驚訝。

與此相呼應的，是《中庸》談到小人時，說：「小人而無忌憚也。」（第二章）意即：小人沒有任何顧忌害怕的事。這不也是做壞事到無所不至的程度嗎？就普遍的人性來說，它仍然回到儒家的立場，請看：「天地之大也，人猶有所憾。」（第十二章）亦即，天地的功能可以造生萬物，但不論多麼偉大，人（應指聖人）還是有所遺憾，所遺憾的是什麼？依然是人性之不完美。《中庸》一書即以此一觀察為出發點，設法提出儒家的應對之道。

綜上所述，儒家的人性論不但不是「人性本善」，反而有些像是「人性本惡」了。這當然不是正確的判斷。事實上，真正合理的思維是不會以「本善」或「本惡」這樣的價值語詞去描述人類生而俱有的本性的。

人有理性，可以思考、判斷、選擇及負責，也因而可以
接受教育。但人性只是單純的理性嗎？我們將在《中庸》一
書中發現「人性向善」才是儒家的見解。這個見解其實遍在
於儒家經典中，只是需要加以闡明而已。

3 「天命」的內容

　　《中庸》篇幅有限，但使用「天」字的組合詞甚多。這些組合詞中，有的意思明確，如「天下」是指人間，包括所有百姓；「天子」是指受天所命的帝王；「天地」或「天淵」是指自然界、萬物生長的場所或全部萬物；「天時」是指自然界的四季遞嬗；「天德」是指天地的功能。有的意思模糊，如「配天」，所指為人的德行有如天地，但相關的描述「凡有血氣者莫不尊親」一語（第三十一章）又近似面對古代的主宰之天。有的意思值得深究，如「天之道」與「知天」。最特別並且首先要探討的，自然是「天命」了。

　　「天命」一詞在《中庸》只有開頭的曇花一現，後文並未再度使用。相關材料是兩段《詩經》引文。

　　一，「嘉樂君子，憲憲令德。宜民宜人，受祿於天。保佑命之，自天申之。」（第十七章）

　　二，「維天之命，於穆不已，於乎不顯，文王之德之純。」（第二十六章）

　　這兩段引文證明《中庸》的天命觀得自周初的共同信仰，亦即「天命有德者」。第十七章在描寫舜時，所說的確實代表了某種信念，如「故大德者必得其位，必得其祿，必得其名，必得其壽」，以及「故大德者必受命」。這五個「必」字能否禁得起檢驗呢？與其說它是上天在進行考核，不如說它是人間帝王為自己的政權找到合法性的基礎。

　　《中庸》的創見不在這裡，而在它繼承了孔子的天命觀，並作了全面的推廣。孔子的天命觀有何特色？他把古代天子專屬的「天命」（只有天子受天所命，當然也只有天子知天命），應用於每一個人身上。當孔子說自己「五十而知天命」時（《論語·為政》），他是在表達自己的示範，提醒人們也同樣可以知天命。不只如此，他還認為「君子有三畏」，其中第一項即是「畏天命」（《論語·季氏》）。並且，對天命要「知」要「畏」，然後當然也要「順」了。我之所以認為孔子所說的「六十而耳順」應是「六十而順」，並且所順者為天命，理由之一亦在於此。

　　孔子沒有明說「天命」的內容是什麼，但如果人人皆有天命，則這種天命必定與人性有關。若非如此，則「小人不知天命而不畏也」（《論語·季氏》）一語就落空了，而小人也不可能成為「畏天命」的君子了。因此，天命有兩個層次：一是隨著人性而來的天命，或稱普遍的天命；二是個人對此一天命的體認，或稱個別的天命。這兩種天命是相聯互通的。以下稍加說明。

　　首先，孔子與孟子關於普遍的天命，亦即談到人生「應該」如何的論述甚多，可以總結為應該「謀道、憂道、殉道」等。其次，他們直接表明的是個人的天命。譬如孔子兩次面臨生命的危險時，都把「天」抬出來，說「天之未喪斯文也」，「天生德於予」，因為他的天命是要扮演「木鐸」而為百姓之師。孟子也坦言「夫天未欲平治天下也，如欲平治天下，當今之世舍我其誰！」他想要繼承古代「作之君，

作之師」的傳統，實踐類似於孔子的天命。真正的儒家學者皆有此一抱負。

　　《中庸》的特色之一，是設法闡述普遍的天命。其內容並不複雜，就是把古代帝王的「天命有德」轉移到：人人皆有天命，亦即要人人皆能「有德」以行善避惡。因此，天命不是抽象的概念，而是賦予人性以一種使命，要行善以完成人性的要求。

4　天命之普遍性與個別性

「天命之謂性」一語是就天命之普遍性而言，意思是：人人皆有天命之性。這種天命之性不是人與萬物所共有的，否則孟子不必批判告子所謂的「生之謂性」與「食色性也」（《孟子·告子上》）。天命有其明確內容，就是要人行善，這是普遍的要求。至於個別的天命要求。則須就個人當下的角色來界定，聯繫上述普遍性與個別性的，是儒家的「善」概念。善是「我與別人之間適當關係之實現」。

因此，每個人都有行善的天命，也都須就他與別人之間的關係來找到自己的天命所在。所有人際關係中，最內圈的是父子，再由家庭向外推至「五倫」的範圍，然後擴及天下人。在孟子筆下，舜享有榮華富貴以及天下人的歸向，但是他卻「惟順於父母可以解憂」（《孟子·萬章上》）。如果天子與兒子這兩種角色無法兼顧時，他將毫不猶豫地放棄天子之位。如果擔任天子，就有天命要治理百姓。以上是我們理解《中庸》的背景知識。儒家的「善」概念使天命的普遍性與個別性互聯相通而沒有扞格。

今人閱讀《中庸》多由朱注入手，朱注如何說明「天命之謂性」一語呢？他說：

「命猶令也，性即理也。天以陰陽五行化生萬物，氣以成形而理亦賦焉，猶命令也。於是人物之生，因各得其所賦之理以為健順五常之德，所謂性也。」

　　他所理解的「性」是萬物之性，人與生物（我們暫且撇開萬物中的無生物不談，以免過度為難朱熹）在這方面是同樣的。但是請問：生物（在此是指動植物）如何可能「各得其所賦之理以為健順五常之德」？難道牛馬也能表現什麼「健順五常之德」嗎？牛馬也有「仁義禮智信」這五常嗎？這種注解實在不通。

　　既然提及朱注，我們就繼續看看他如何注解第二句「率性之謂道」。他說：

　　「率，循也；道猶路也。人物各循其性之自然，則其日用事物之間，莫不各有其當行之路。是則所謂道也。」

　　這句注解除了繼續說「人物」（人與萬物）之外，其他的只是字面的解釋。但請問：動物有什麼「當行之路」？

　　再看他所注解的「修道之謂教」。他說：

　　「修，品節之也。性道雖同而氣稟或異，故不能無過不及之差。聖人因人物之所當行者而品節之，以為法於天下，則謂之教，若禮樂刑政之屬是也。」他最後知道不能再講什麼萬物了，就舉聖人與禮樂刑政，以此表示這裡所談的「教」是完全屬於人間的事。但是，從前面的「性與道」兼指人與萬物，為何到了「教」就專指人而言？這不是有所跳躍嗎？朱注後面還有幾句話，其內容是什麼？是「蓋人知己之有性，而不知其出於天……。」這裡又推到了「天」字，既然如此，為何不從「天命之謂性」一開始，就將它理解為是在解說「人」的本性？

　　當然，《中庸》所論並不限於人的世界，儒家從孔子以

來，顯示了一種人文主義，相信只要使人間安定，則萬物亦將隨之而安定。《中庸》的貢獻之一，即在於發揮「由安定人類而可以參贊天地化育」的理想。無論如何，它沒有統括而言「萬物與人各有其性」，並且全都歸於「天命」的想法。若真要談萬物之由來，則通常使用「天之道」一詞。

5 「率性」所蘊含的問題

《中庸》在「天命之謂性」之後說「率性之謂道」，這句話的字面意思並不難，即是「順著本性去走的，就稱為正路」。若想釐清其旨，先要探討「率性」一詞。

說「率性」，就表示有可能「不率性」。人有天命之性，這是客觀的事實，但是要不要率性則在於人的選擇。類似的觀念所在多有。譬如，《中庸》與《大學》一樣，也談到「慎獨」，這就表示人有可能「不慎獨」。接著原文出現一句重要的話：「喜怒哀樂之未發，謂之中；發而皆中節，謂之和。」既然說「中節」，就表示人有可能「不中節」。事實上，喜怒哀樂「發而不中節」的情況比比皆是，隨處可見。

不錯，自由選擇正是人的特色。再就深一層來看，不能只是肯定人有自由，好像漫無目標與方向似的。試問：為何要說「率性之謂道」？「性」之中有天賦的要求，所以順它而行即是正道。為了說明這點，可先研究此書中的「性」字。

「性」字在《中庸》共十一見。除了類似定義的兩處（「天命之謂性」與「自誠明謂之性」），其他九處中，有一處是「率性之謂道」，就是在「性」之上加一個「率」字，表示人性要人順其要求而行。有六處全在第二十二章「惟天下至誠為能盡其性」中，六個「性」字之上皆有「盡」字，表示人性（擴及物性）的要求須待充分實現。另外二處是：

「君子尊德性而道問學。」（第二十七章）

「成己，仁也；成物，知也。性之德也，合外內之道也，故時措之宜也。」（第二十五章）

所謂「尊德性」是指「尊崇天生的本性」。至於「性之德」，是說成己與成物都是本性所有的能力。在此二句中的「德」字通「得」字，是指天生的或本有的能力，並非一般所謂的道德或德行。由此可見，對於本性要「尊」要「成」。

綜上所述，人對於自己的「天命之性」，要採取「率之、盡之、尊之、成之」四種相近的態度。為何要尊之？因為它有天命為源頭。為何要率之？因為它有命令要人順從。為何要盡之？因為它有潛能要人實現。為何要成之？因為它有目標要達成。

簡而言之，人的天命之性異於其他萬物的「生之謂性」。人的本性中另有天賦的要求，要人自由選擇行善。這樣的人性怎能用「本善」一詞來描述呢？《中庸》一書深入探討人之「性、道、教」，提出許多精采的論述與理想，彰顯了儒家學派的良苦用心與透徹智慧，又怎能以一句「人性本善」將其化解於無形？

朱注在全書第一章結束之處，加了一段評語，其中說到：「蓋欲學者於此，反求諸身而自得之，以去夫外誘之私，而充其本然之善。」試問：什麼是人的「本然之善」？「本然」一詞常指原初的、靜態的情況。若真有本然之善，則人為何在尊之時要成之？在率之時要盡之？朱注的問題在於視人性為靜態的，以致無法說明人性在實現過程中所需要的修養與所產生的快樂。

　　以人性為本善，不僅無法理解現實人生的種種困難，也將錯過孔子、孟子以及早期儒家經典的主要關懷。

6 由「道」說「性」

依「率性之謂道」的字面意思，人生應該沒有什麼麻煩。意即：順著本性去走的，就稱為正路。但問題顯然沒有這麼簡單，如果這麼簡單，底下何必再說「修道之謂教」？既然是順著本性去走，為何還須說：修養自己走在正路上的就稱為教化？《大學》強調「修身」，《中庸》說：「修身以道」（第二十章），可見兩者同屬儒家，而後者更為深入。

「道」字很難理解，因為用法分歧。簡而言之，道是路，是一物存在的途徑與方式，所以萬物皆有其道，如「天地之道」、「人道敏政、地道敏樹」、「小人之道」。但對人而言，則另外說「人之道」、「君子之道」、「聖人之道」，這時「道」字就指「應行的正路」。「應該」一詞只能用在人的世界，但是從「順著本性」（率性）到「應行之道」，兩者之間如何聯繫？這正是《中庸》所要探討的。以下所論皆屬「人之道」或「君子之道」。

首先，由順著本性來看，這個道是最平常的。譬如，談君子之道時，可以說「夫婦之愚，可以與知焉」，「夫婦之不肖，可以能行焉」（第十二章），意即天下任何人都可以知之與行之。它簡直像人們的日常飲食一樣，但很少人能夠分辨其中的滋味啊！（第四章）

因此，這樣的道又是極為奧妙的，講到深刻的地方，「雖聖人亦有所不知焉」，「雖聖人亦有所不能焉」。最標準的

描述是:「君子之道,造端乎夫婦,及其至也,察乎天地。」（第十二章）由人的修養可以推及天地萬物的安頓,這正是《中庸》的一大特色。

然後,若要全盤了解「道」並使其行於人間,顯然非常困難。孔子宣稱:「道之不行也,我知之矣……道之不明也,我知之矣……。」（第四章）他更感嘆說:「道其不行矣夫!」（第五章）

由此可知,道是既平常又奧妙,並且難以實現的。《中庸》舉出具體的出發點,就是要回歸於「人」。如「道也者,不可須臾離也,可離非道也」（第一章）,「道不遠人,人之為道而遠人,不可以為道」（第十三章）。在此肯定了道不可離,也不可為道而遠人,但世間有多少人能達到此一要求?原因何在?在於此一要求在時間上涵蓋人的一生,在效果上還須擴及人類及天地萬物。

先說在時間方面,人的一生都不能脫離人際關係。孔子說:「君子之道四,丘未能一焉。」（第十三章）他所說的是:子以事父,臣以事君,弟以事兄,以及先施於朋友。這四者皆屬於五倫,孔子認為自己「未能也」,有的是因為沒有機會(如父母已過世,或自己未從政),但更主要的原因是尚未做得完美,並且這種要求是綿延一生的。凡是綿延一生的要求,皆可歸之於「本性」使然。那麼,人的本性是何種情況?是向善而非本善。

其次,專就「人之道」來說,則在第二十章所揭示的答案是「擇善而固執之」。由此推及人性,則向善之說十分合

理。《中庸》關於這樣的人性，另外談到「誠」，「五達道、三達德」，以及最讓人讚嘆的「參贊化育」。這些題材都值得專文闡釋。

總之，由「道」回溯至「性」，才可明白人的「天命之性」只是賦與人行善的要求，而不是說人性已是善的。

7 「中庸」的意思

《中庸》這本書以「中庸」為名,那麼,「中庸」是什麼意思?我們先別受朱注的干擾,直接在原典中尋找答案吧!

一般認為本書開宗明義第一章最重要,但這一章只談「中和」而未見「中庸」一詞。像「中也者,天下之大本也;和也者,天下之達道也」這樣的一句話,不是把天下(人間)的大本與達道都說完了,還餘下什麼呢?還餘下的正是接著所謂的「致中和,天地位焉,萬物育焉」。

《中庸》從第二章開始,所談的正是這最後一句話。所謂「致中和」即是指「中庸」而言。意即:要想達成中和的最高目標,其方法即是「中庸」。至於「天地位,萬物育」,則是全書後半部的重點所在。以下先談「中庸」。

「中庸」一詞九見,集中於第二章至第十一章之間的六章中。依全書共有三十三章來看,它只出現於前面不到三分之一的篇幅裡。一方面,「中庸」是極高的標準。譬如,子曰:「中庸其至矣乎,民鮮能久矣。」(第三章)這句話在《論語‧雍也》稍有不同,是「中庸之為德也,其至矣乎,民鮮久矣。」那麼,「中庸」之德為何如此困難?它本身是一種極高的德行,但同時也指示了具體實踐此種德行的方法。這在古代語詞較少,並且動詞與名詞往往共用一名的情況下,是可以理解的。

現在，仔細考察「中庸」一詞，最合宜的解釋是第六章
所描述的舜的作為。眾所周知，舜是儒家所推崇的聖人典
型。百姓長期以來都達不到中庸的要求，那麼如果歷史上曾
經有人達成，自然非舜莫屬。第六章說：

「舜其大知也與。舜好問而好察邇言，隱惡而揚善。執
其兩端，用其中於民。其斯以為舜乎！」

「中庸」即是「用中」。舜有大智，能夠明辨善惡，其
方法是「好問而好察邇言」。舜有大勇，所以做得到「隱惡
而揚善」。至於「執其兩端」與「用其中於民」，則是能夠
正確把握人與人之間的「適當關係」（中），再將此一適當
關係（亦即所謂的善）應用於百姓身上。這個「中」字比較
微妙，它包含了心中的善意、對善的判斷，以及具體的善行。
「中」有「內在」之意，亦有「適當」之意，再歸結為善行。

換言之，「用中」二字可以分而論之。「中」是指關聯
於「善」的一切，亦可概括稱之為「仁」。「用」則以知為
前提，需要「智」的層次；進而再付諸實現，屬於「勇」的
層次。因此「用中」兼顧「智、仁、勇」三達德，當然不是
易事。「中庸」意即在此。以下對照原文說明。

第二章說「君子中庸」，其表現為「君子而時中」，在
任何時機都符合中的標準。這顯然需要智慧。第四章談及
「道之不行與不明」，是因為缺乏勇與智。第七章強調智之
難，像「擇乎中庸而不能期月守也」一語，也表示勇之難。
第八章說「回之為人也，擇乎中庸，得一善，則拳拳服膺而
弗失之矣。」所說的善包含在「仁」中。第九、十章所說的

皆與「勇」有關。

　　「中庸」即是「人之道」所謂的「擇善固執」（第二十章）。「擇」需要智，「善」屬於仁，「固執」全賴勇。因此，中庸即是用中，即是人之道，即是擇善固執。修成此道的是三達德，亦即智仁勇。為了統合這些觀念，進而以之為核心來展開本書的理想，名此書為《中庸》是很合宜的。

8 「鬼神」的角色

在《中庸》一書中，「鬼神」一詞兩見，但都至關緊要。為了明白「天命之謂性」一語，「鬼神」是不可或缺的橋梁。

先說「人」的層次。由於人有理性也有自由，可以行善也可以為惡，因此談人性不易抓到重點。如果只就人的行為表現來看，難免言人人殊。那麼，如何回到人的真正狀態呢？《中庸》提出了「誠」字。但是，一說真誠，豈非落於自由心證？為了避免此一混淆情況，《中庸》以「鬼神」來強調真誠並非人人自以為是者。鬼神無所不在也無所不知，人怎能心存僥倖而有自欺欺人的念頭呢？第十六章還引述《詩經》說的「神之格思，不可度思，矧可射思」，再總結為「夫微之顯，誠之不可揜，如此夫。」意即：神的來臨不可測度，我們又怎能厭倦不敬呢？然後，隱微的會顯揚開來，真誠的心意不可掩蔽，情況也是同樣的啊！換言之，誰在面對鬼神時還敢不真誠？

再說「天」的層次。《中庸》兩度提及要「知天」。一在第二十章，君子必須修身，但想要修身就須往上推至事親、知人，再到知天。但是如何知天？第二十九章說：「質諸鬼神而無疑，知天也。」亦即：以鬼神的吉凶來質問而沒有懷疑，那是因為了解天的緣故。在此可以參考《孟子・萬章上》所說的：「昔者堯薦舜於天而天受之。……使之主祭而百神享之，是天受之。」這種說法肯定了鬼神是天與人之

間的中介，人對鬼神祭祀或占卜請教，都可以反映天意。

　　這麼重要的「鬼神」概念，在朱注怎麼說呢？第十六章的朱注說：「程子曰：鬼神，天地之功用而造化之跡也。張子曰：鬼神者，二氣之良能也。愚謂，以二氣言，則鬼者陰之靈也，神者陽之靈也。以一氣言，則至而申者為神，反而歸者為鬼，其實一物而已。」依此說法，則「鬼神」只是用來描述天地萬物的「神妙變化」，這種變化是陰陽二氣聚散所造成的。但是，如果鬼神只是氣的變化，它如何能夠促使天下人舉行祭祀儀式？它又如何可能引發後續對人有關「誠」的要求？

　　在第十六章還描寫鬼神，「體物而不可遺」。朱注說：「鬼神無形無聲，然物之終始莫非陰陽合散之所為，是其為物之體而物所不能遺也。」但是這裡原文所說的明明是：鬼神的作用「體現」於萬物之中，沒有錯過任何一物。朱注前面說「鬼神」是描寫變化之神妙現象，現在說「鬼神」是「物之體」。就算真有物之體，也應該是朱注所謂的「陰陽二氣」而不是「鬼神」。在朱注看來，「鬼神」既是萬物的本體，又是萬物變化的現象，實在讓人摸不清頭緒。

　　古人談鬼神，不論分言「鬼」與「神」，或合說「鬼神」，都是肯定實有其物，但人類所知有限，因此只能就其功能或作用來說，通常是以之為祭祀崇拜、求福免禍、請示占卜的對象。譬如前引《詩經》的「神之格思」一語即為例證。《中庸》第二十四章也有「至誠如神」一語，如果此「神」字不是指真實存在的神，那麼此語如何理解？

　　依朱注所說，鬼神只是二氣的變化，那麼誰會在乎這種變化之跡？這樣的鬼神如何可能警惕人要「誠」？這一點未能掌握，則《中庸》後續的說法如何成立？

9 「人之道」的展現

「人之道」是指人生應該依循的正路。儒家從孔子開始，無不對「人之道」的具體作為有所闡述，《中庸》自不例外，其開篇三句話中，有兩句提及「道」字，即「率性之謂道，修道之謂教」。

這兩句話的字面意思並不複雜，就是：人之道是順著人之性而來的，但此道需要「修」之，才可成就教化。人生之路其實只是「修道」二字，如此，上可完成天命之性的要求，下可臻於天下太平，甚至使天地萬物安頓。

《中庸》第二十章是「哀公問政」，孔子的回答中充分說明了人之道。相關語句甚多，首先要看的是「修身以道，修道以仁」。在此，「道」既是方法又是目的，如何理解呢？我在介紹孔子思想時已經剖析過，孔子要「志於道」，也要「志於仁」，其理由是：「道」是人類共同的正路，而「仁」是個人特定的正路。因此，說「朝聞道，夕死可矣」與說「有殺身以成仁」，其實目標是一致的。

回到《中庸》，則可以說：「修身以道」是要以人類共同的正路來修身，這種正路主要表現於古代的禮樂制度中。在同一章談到「凡為天下國家有九經」，提醒國君九大政治綱領，其第一項即是「修身」，而所謂「修身則道立」，是指國君「齊明盛服，非禮不動，所以修身也」。如此看來，道不是禮樂這種人類共同的正路嗎？其次，「修道以仁」則

是要以個人特定的正路來走上人之道。但是，個人特定的正路主要是就個人與別人之間的關係而言，所以後續要接著說「五達道」。簡而言之，人之道落實於五達道，在五達道中找到個人特定的正路即是個人要努力以赴的仁了。

　　所謂五達道，是指「君臣也，父子也，夫婦也，昆弟也，朋友之交也」。在此先說「君臣」，是因為孔子面對的是魯哀公。若是在孟子，則次序會調整為「父子有親，君臣有義，夫婦有別，長幼有序，朋友有信」（《孟子‧滕文公上》）。人類要走在上述五條正路上，亦即不能迴避行善的要求。那麼方法呢？方法即是「三達德」：知（智）、仁、勇。前文已分析過，所謂「中庸」，即是合「智仁勇」而言的方法。這種方法與其目的不可二分，因此《中庸》談人之道時，既以「道」為五種人倫關係，也說「道」是擇善而固執之。關於後者，留待下文再談。

　　值得留意的是稍後所說的「知斯三者，則知所以修身」一語。所謂「斯三者」即是指三達德。如果回顧前面所說的「修身以道」一語，則道與德不是一體之兩面嗎？關於三達德，孔子接著說：「好學近乎知，力行近乎仁，知恥近乎勇。」人若好學，將如孔子所說的「學則不固」（《論語‧學而》），多方學習則不會頑固拘泥，而可領悟應時的智慧；人若知恥，則將勇於改過，「過則勿憚改」（《論語》），並在關鍵時刻勇於成仁取義。

　　那麼，「力行近乎仁」呢？本章最後說：「果能此道矣，雖愚必明，雖柔必強。」明屬於智，強屬於勇，那麼仁呢？

答案是：仁是不待外求的，由於人性向善，只要順著向善的要求去力行，即是行仁，也即是展現了人之道。

10　天與人之間

　　《中庸》的構想是這樣的：一，天是萬物的來源；二，人是萬物之一，但人性異於萬物的自然之性；三，若是順著人性走上正道並實現教化，則將安頓人間並且使萬物也得到化育。因此，對人而言，要說「天命」，因為天賦與人特定的要求；對萬物而言，則說「天之道」，有如自然界的運行規律。人是萬物之一，所以「天之道」包含「人之道」在內，但「人之道」也另有其特色。

　　為了釐清這一點，《中庸》第二十章有一段話說：

　　「誠者，天之道也；誠之者，人之道也。誠者，不勉而中，不思而得，從容中道，聖人也。誠之者，擇善而固執之者也。」

　　「誠者，天之道也」一語，是說：真實的狀態即是天的運作模式。「誠」為「實」，或朱注所謂「真實無妄」。除了人類以外，萬物依一定規律生存及發展，沒有選擇或改變的可能性，這種真實或實在的狀況即是「誠者」。如第二十六章說：「天地之道，可一言而盡也，其為物不二，則其生物不測。」意即：它的表現純一無二，產生的萬物卻難以測度。再看第十七章，「故天之生物，必因其材而篤焉，故栽者培之，傾者覆之。」這兒說的「必因其材而篤」是兼指萬物與人而言，其中的「必」字代表了規律之不可改變，但依上下文可知「栽者培之，傾者覆之」專指人而言，因為

只有人可能成為栽者或傾者。由此看來,「天之道」就是自然規律,平常而恆常。

引起討論的是下一句:「誠者,不勉而中,不思而得,從容中道,聖人也。」聖人合乎天之道,其表現為誠者,但誰是聖人?聖人是天生的還是修成的?我們一貫認為儒家的聖人是修成的,不然《中庸》第十七章起何必推崇舜、文王、武王、周公,並且一再提及「孝」?「夫孝者,善繼人之志,善述人之事者也」,這樣的孝及其修成的德當然不是天生的。

換言之,修養至聖人境界,即有合乎上述誠者的表現。這與《易經·繫辭上》所謂「《易》有聖人之道四焉……。《易》無思也,無為也,寂然不動,感而遂通天下之故」一語,不是有異曲同工之妙嗎?因此,聖人是由人之道通往天之道的示範典型。而聖人的修成同樣要從「人之道」入手。有關聖人的作為另文再說,這裡要談的是人之道。

所謂「誠之者,人之道。……誠之者,擇善而固執之者也」一語,清楚肯定了「人之道」是「擇善固執」。但什麼是「誠之者」?其意為「讓自己真誠」。孟子說過極其類似的話:「誠者,天之道也;思誠者,人之道也。」所謂「思誠者」是說「想要真誠」或「追求真誠」。就語意而言,應是「思誠者」在先而「誠之者」在後。

真理不厭重複。人之道是要「讓自己真誠」,因為只有真誠才會「率性」,所以說「率性之謂道」。進一步,人之道是「擇善固執」,那麼,反推回去,人之性不是向善嗎?

由向善到擇善，中間還需「知善」，所以第二十章接著說：
「博學之，審問之，慎思之，明辨之，篤行之」，而最令人
感動的是：在從事這五項任務時，「人一能之，己百之；人
十能之，己千之。」由凡人成為聖人，其秘訣亦在於此。

11　誠與明

儒家的教化理想推源於對人性的洞見。《中庸》第二十一章不過二十個字，但卻是理解此一洞見的契機所在。其文如後。

「自誠明謂之性；自明誠謂之教。誠則明矣，明則誠矣。」白話語意比較清楚，是說：由真誠而能明善，可稱為本性的作用。由明善而能真誠，可稱為教化的作用。真誠到一定程度就會明善；明善到一定程度就會真誠。

這段話應有普遍意義，是對每一個人說的，而非如朱注所謂分為聖人與賢人二種表現。理由如下：先說《孟子·離婁上》所云：「誠身有道，不明乎善，不誠其身矣。」《中庸》也有幾乎完全一樣的話：「誠身有道，不明乎善，不誠乎身矣。」（第二十章）如果明善在誠身之先，則天下最早的人如何明善呢？若不願相信某種上天的啟示，就必須接受「由真誠而能明善」的可能性。並且，這種可能性是人人具備的，所以要接著說「謂之性」。孟子說：「聖人先得我心之所同然耳」（《孟子·告子上》）即是此意。

再借用孟子的話，他說：「盡其心者，知其性也。」（《孟子·盡心上》）「盡其心」即是真誠到極點。「知其性」即是知道本性的要求是行善避惡，亦即可以明善。有趣的是，在《孟子·盡心上》他筆下的舜「似乎」也展示了「由明善而能真誠」的一面。原文說：「舜之居深山之中，與木石居，

與鹿豕遊，其所以異於深山之野人者幾希。及其聞一善言，見一善行，若決江河，沛然莫之能禦也。」舜顯然是「聞見」了善言善行，亦即由明善而引發內心真誠的力量，然後力行實踐才能成就為聖人。

問題是：如果舜一生未曾明善，他就無法誠身了嗎？這個問題是虛擬的，因為沒有人可以脫離群體而生活，而善是「我與別人之間適當關係之實現」，因此孟子的「深山野人假設」只有理論意義而無實質意義。他要說明的毋寧是：明善與誠身不可二分，因此《中庸》接著要說「誠則明矣，明則誠矣」。朱注的問題即在於區分兩者，因而使人產生疑慮，亦即，難道聖人是天生的嗎？

既然多次引述孟子之語，不妨再補充一點。孟子說：「充實而有光輝之謂大，大而化之之謂聖。」（《孟子‧盡心下》）那麼，他口中的「大人」與「聖人」提供了何種示範？他說：「大人者，不失其赤子之心者也。」（《孟子‧離婁下》）赤子之心一片天真自然，合乎真誠的要求，因而也會表現「率性」，順著本性的要求去行善。至於聖人，則孟子說：「形色，天性也。惟聖人然後可以踐形。」（《孟子‧盡心上》）人生來即具有人的形體與樣貌，其中自然也蘊含了人的本性，但只有聖人可以充分實現此一本性的要求。換言之，大人與聖人皆為所有的人可能達成的修養目標，只是一般人的努力還不夠而已。

因此，我在語譯本章後半段時要強調「真誠到一定程度就會明善；明善到一定程度就會真誠。」這裡說的「一定程

度」，即是「人一能之己百之；人十能之己千之」所描述的。
第二十章還說了一句令人振奮的話：「或生而知之，或學而
知之，或困而知之，及其知之，一也。或安而行之，或利而
行之，或勉強而行之，及其成功，一也。」在此，所知者屬
於「明善」，所行者屬於「誠身」，兩者相連為一體而「修
道之謂教」的目標亦不遠矣。

12 聖人的偉大作為

　　《中庸》所推崇的古代聖人有舜、文王、武王、周公四人。他們都是「德為聖人，尊為天子」的典型，亦即所謂的「聖王」。《中庸》除了敘述聖王的偉大教化之外，還指出一般人應該努力的方向，就是「君子之道」與「聖人之道」。關於君子之道，詳情已多所論述；聖人之道則展現了「修道之謂教」的教化成果。

　　《中庸》從第二十二章到終篇的第三十三章，所談全都聚焦於此。就以第二十二章來說，它描繪了儒家理想，同時也是人類所能嚮往的完美境界。其文如下：

　　「唯天下至誠，為能盡其性；能盡其性，則能盡人之性；能盡人之性，則能盡物之性；能盡物之性，則可以贊天地之化育；可以贊天地之化育，則可以與天地參矣。」

　　上述一句話分為五段，只有第一段是可以理解的，但也只在理論上可以理解，因為它是「同語重複」或「分析命題」。換言之，「唯天下至誠，為能盡其性」一語無異於某種定義，沒有說明客觀事實。試問：「至誠」的標準是什麼？怎樣才算「盡其性」？即使接受這個定義，後續的話在說什麼？「能盡其性，則能盡人之性」，由此語可知上述「唯天下至誠」所指的是聖王，因為只有聖王一人在盡其性而行善時，他所處的「與別人的適當關係」會涵蓋天下所有的人，由此做到「盡人之性」。然而，即使是聖王，以堯舜為例，

在孔子看來如何？他認為「修己以安百姓」（《論語·憲問》）與「博施於民而能濟眾」（《論語·雍也》），是「堯舜其猶病諸」，意即是連堯舜都覺得難以做到的事啊。

接著，第三段是「能盡人之性，則能盡物之性」。這當然是假設之語，但《中庸》認為這種假設可以成立，其根據是：「天命」與「天之道」兩者的源頭同樣是「天」。如果天下人間都安頓了，就沒有理由懷疑自然界的萬物不能盡其性。至於後續的第四、五段，則是由此推出的合理結論。

《中庸》對「至誠」的效應多所描述。如「唯天下至誠為能化」（第二十三章），「化」指教化百姓。又如「至誠如神」（第二十四章），因為他能「前知」，預先知道未來。以及「唯天下至誠，為能經綸天下之大經，立天下之大本，知天地之化育」（第三十二章），「天下」指人間而言，聖人自可負責；但有關天地之化育，在此用「知」字，比起前述的「參贊」較為平實可行。若要明白如何由「天下」推及「天地」，最好回到第一章後半段所說的「致中和」。原文如後：

「喜怒哀樂之未發，謂之中；發而皆中節謂之和。中也者，天下之大本也；和也者，天下之達道也。致中和，天地位焉，萬物育焉。」意即：喜怒哀樂尚未表現出來時，稱之為中；表現出來都能合乎節度，稱之為和。中的狀態是天下眾人共同的基礎；和的狀態是天下眾人通行的正路。天下眾人「完全做到」中與和，天地就各安其位，萬物就生育發展了。

　　「致中和」是指天下眾人完全做到中與和，這個責任主要在聖王身上，但同時也在每一個人身上。如果人類社會完全太平，天地萬物又會有什麼問題呢？《中庸》所揭示的，不正是所有人文主義者所憧憬而未及明說的夢想嗎？

予豈好辯哉：傅佩榮評朱注四書

2013年8月初版　　　　　　　　　　　　　　　　　定價：新臺幣280元
有著作權・翻印必究
Printed in Taiwan.

著　　　者	傅　佩　榮	
發　行　人	林　載　爵	

出　版　者	聯經出版事業股份有限公司	叢書主編	沙　淑　芬	
地　　　址	台北市基隆路一段180號4樓	校　　對	吳　淑　芳	
編輯部地址	台北市基隆路一段180號4樓	封面設計	蔡　婕　岑	
叢書主編電話	(02)87876242轉212	內文排版	劉　克　韋	
台北聯經書房	台北市新生南路三段94號			
電　　　話	(02)23620308			
台中分公司	台中市健行路321號1樓			
暨門市電話	(04)22371234ext.5			
郵政劃撥帳戶	第0100559-3號			
郵撥電話	(02)23620308			
印　刷　者	世和印製企業有限公司			
總　經　銷	聯合發行股份有限公司			
發　行　所	新北市新店區寶橋路235巷6弄6號2樓			
電　　　話	(02)29178022			

行政院新聞局出版事業登記證局版臺業字第0130號

國家圖書館出版品預行編目資料

予豈好辯哉：傅佩榮評朱注四書/傅佩榮著．
初版．臺北市．聯經．2013年8月（民102年）．304面．
14.8×21公分
ISBN 978-957-08-4243-2（平裝）

1.四書 2.研究考訂

121.217   102014223